Cahier d'Enseignement moral et civique

CITOYENS AUJOURD'HUI !

4e

Édition 2022

Conforme aux repères annuels de progression

W0302566

Nom : ....

Prénom : ....

Classe : ....

Sous la direction de
Anne-Marie Hazard-Tourillon

Par
Anne-Marie Hazard-Tourillon
Agrégée d'histoire
Inspectrice d'académie honoraire d'histoire-géographie-EMC

Maria Aeschlimann
Agrégée d'histoire
Collège François Truffaut, Asnières-sur-Seine (92)

Céline Dhers
Professeure certifiée d'histoire-géographie
Collège Louis-Blanc, Saint-Maur-des-Fossés (94)

Fabienne Vadrot
Agrégée d'histoire-géographie
Collège Pierre-de-Ronsard, Saint-Maur-des-Fossés (94)

Éric Zdobych
Agrégé d'histoire-géographie
Lycée Eugène-Hénaff, Bagnolet (93)

Nathan

PROGRAMMES D'ENSEIGNEMENT MORAL ET CIVIQUE CYCLE 4

B.O. spécial n° 31 du 30 juillet 2020 et repères annuels de progression (B.O. n° 22 du 29 mai 2019)

- Les aménagements de programme de 2020 intègrent **l'éducation au développement durable**.
- Les repères annuels de progression inscrivent explicitement l'Enseignement moral et civique dans **trois finalités intimement liées** entre elles. Voici comment elles sont mises en œuvre dans ce cahier :

Le respect d'autrui | Acquérir et partager les valeurs de la République | Construire une culture civique

PARTIE 1	Connaissances et compétences	Objets d'enseignement
Chapitre 1	• Liberté et respect de soi et des autres, des différences : droits et devoirs, rôle de la loi ; sentiments moraux. • Valeurs de la République : liberté, égalité, fraternité, laïcité ; notion de tolérance. • Avoir conscience des formes d'engagement.	• Responsabilité individuelle ; autrui égal à soi en dignité ; laïcité ; discriminations et Défenseur des droits ; règlement intérieur du collège. • Liberté de conscience, d'expression ; égalité filles-garçons. • Engagement, acte responsable, individuel et collectif ; engagement solidaire.
PARTIE 2	**Connaissances et compétences**	**Objets d'enseignement**
Chapitre 2	• Aspiration personnelle à la liberté et reconnaissance de celle d'autrui ; droits et devoirs de la personne. • Libertés et droits fondamentaux de la personne. • Menaces sur la liberté des personnes ; engagement.	• La valeur de liberté ; la liberté garantie par des lois communes. • Déclarations des droits de l'homme. • Conquête des droits ; engagement individuel et collectif.
Chapitre 3	• Rapport liberté de conscience-liberté religieuse dans un régime de tolérance ; droits et devoirs. • Valeurs et principes des sociétés démocratiques. • Notion de citoyenneté ; menaces sur la liberté des personnes et la démocratie.	• Principe de laïcité. • Liberté de conscience et égalité des citoyens ; lois scolaires ; protection des droits et libertés par la Constitution. • Droit de vote ; souveraineté ; sécurité des personnes et des biens.
PARTIE 3	**Connaissances et compétences**	**Objets d'enseignement**
Chapitre 4	• Droits et devoirs de l'individu dans une société démocratique ; rôle de la loi. • La liberté garantie par des lois communes. • Le sens de la responsabilité.	• Le droit ; la liberté, principe premier du droit français ; le rôle de protection de la loi ; droit national et droit international. • Aspects juridiques des valeurs. • Engagement de l'individu dans le débat démocratique.
Chapitre 5	• Le rapport à l'autre ; le respect de l'autre ; comment se rend la justice ; le rapport à la loi. • Déclarations des droits de l'homme ; la Convention internationale des droits de l'enfant. • Responsabilité et engagement dans une démocratie.	• La responsabilité légale ; l'application de la loi par les acteurs de la justice ; la justice des mineurs. • Les lois communes ; le statut juridique de l'enfant. • Droits et devoirs des citoyens.
Semaine de la presse et des médias	• Le respect ; les droits et les devoirs. • Les libertés, fondement de la démocratie. • Engagement et responsabilité.	• Loi et liberté. • Liberté de la presse et liberté d'expression. • Rôle des médias, des réseaux dans l'information d'une société démocratique.
Journée nationale des mémoires de la traite, de l'esclavage et de leurs abolitions	• Respect de l'autre et des différences ; identifier les formes de discrimination ; prendre conscience de sa responsabilité. • Déclarations des droits de l'homme ; reconnaissance des libertés individuelles. • Conquête de la liberté individuelle.	• Autrui égal à soi en dignité ; discriminations raciales. • Égalité et non-discrimination. • La journée mémorielle du 10 mai.

➔ Les programmes en version intégrale sont disponibles sur : collegien.nathan.fr/emc-4e-2022

 ISBN : 978 209 172555 0

Fiches méthode

Exprimer ses émotions dans une discussion morale et civique

Une émotion est un état bref et intense qui aide à comprendre si la situation que l'on vit ou que l'on observe est agréable ou désagréable. Dire ses émotions et reconnaître celles des autres déclenchent la discussion. Chacun argumente et s'engage à agir, au nom de valeurs morales et civiques, pour bien vivre ensemble.

1 Être responsable, qu'est-ce que ça veut dire ?

Arnaud avait lancé un bon gros caillou, lourd et rond, tout droit dans la fenêtre de notre salle de classe. Le maître sortit dans une fureur noire :

– Qui a fait ça ?

Grand silence ! Arnaud faisait tout le temps des bêtises, mais nous l'aimions bien et personne ne voulait le dénoncer, surtout pas moi, car c'était mon meilleur ami. J'étais un élève sérieux et docile, contrairement à lui, mais nous nous entendions très bien.

– Si le responsable ne se dénonce pas avant la fin de la récréation, toute la classe sera punie !

– C'est moi le responsable, dit alors Arnaud en avançant d'un pas.

Ce fut le premier épisode marquant de cette journée. Le second arriva le soir et me plongea dans le doute. […]

Fabien Lamouche, *Être responsable*, Giboulées, Gallimard Jeunesse, 2011.

2 La roue des émotions

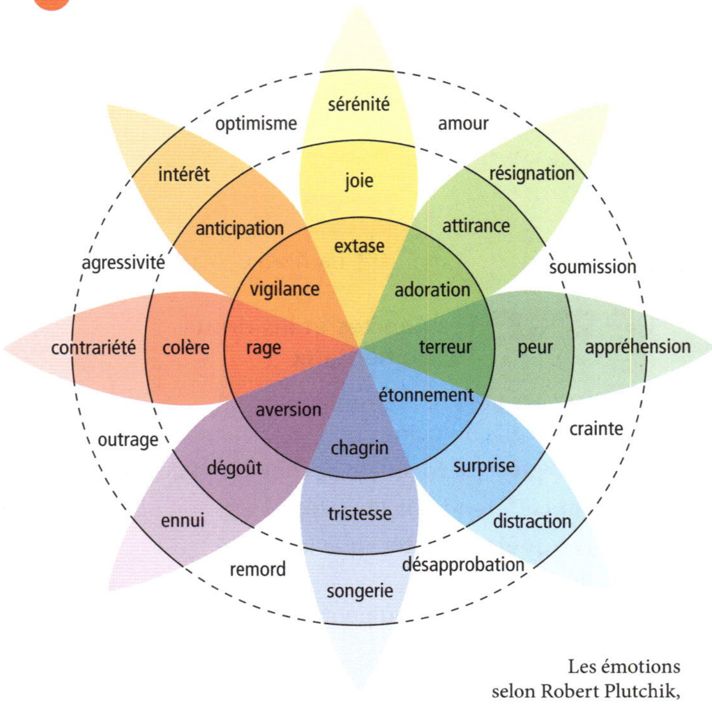

Les émotions selon Robert Plutchik, professeur et psychologue américain (1927-2006).

➔ Retrouvez l'intégralité des documents p. 6-7.

Fiche Méthode

A Réagir à la situation avec ses émotions

1. Identifier et exprimer ses émotions.
2. Discuter pour comprendre ses émotions et celles des autres.

B Réfléchir ensemble autour du mot-clé de la situation

3. Associer au mot-clé des mots qui le définissent, et des mots qui disent son contraire.

C Discuter pour exprimer son jugement moral

4. Échanger des arguments qui critiquent la situation.
5. Argumenter en prenant appui sur des valeurs morales et civiques : respect, dignité, égalité, fraternité, liberté, justice…

D Agir contre la situation proposée

6. S'engager à agir pour bien vivre ensemble.

Mise en situation

A Réagir à la situation avec ses émotions

1. Nos émotions face à l'attitude de ces deux enfants : négatives ? positives ?
2. Pourquoi réagissons-nous ainsi ?

B Réfléchir ensemble autour du mot-clé de la situation

3. La responsabilité, c'est quoi pour moi et pour nous ? À notre avis, qu'est-ce que ça ne peut pas être ?

C Discuter pour exprimer son jugement moral

4. De mon point de vue, être responsable au collège, est-ce adopter l'attitude de ces deux enfants ?
5. Je compare le point de vue des autres élèves au mien : me fait-il changer d'avis ?

D Agir contre la situation proposée

6. Nous réalisons des nuages de mots qui opposent la responsabilité à l'irresponsabilité et nous les comparons.

Participer à un débat en classe

Débattre est le moyen, pour chacun, d'exprimer sa pensée et de se confronter à ce que pensent les autres. Mais les points de vue n'ont pas tous la même valeur. Participer au débat nécessite une attitude responsable de respect mutuel. L'intérêt général doit l'emporter sur l'intérêt particulier.

1 Jusqu'où peut aller la liberté d'expression ?

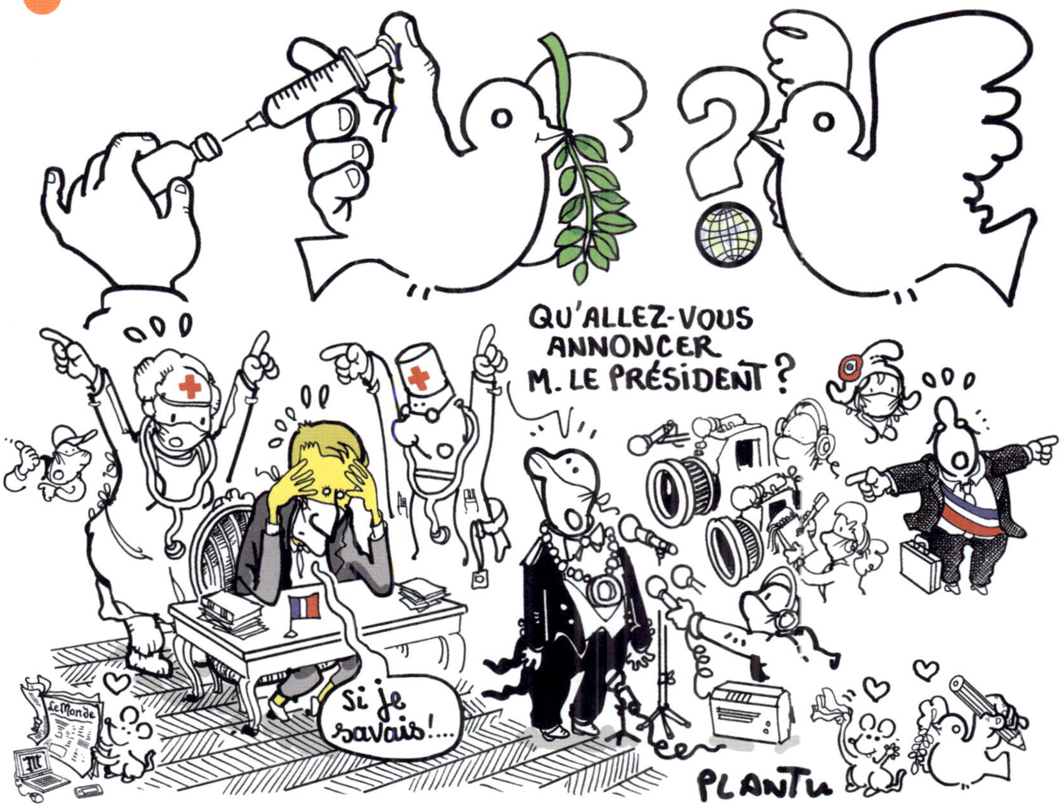

Le président de la République Emmanuel Macron face à la pandémie de Covid-19. Plantu, *Le Monde*, 1er avril 2021.

Retrouvez l'intégralité des documents p. 32-33.

Fiche Méthode

A Analyser le thème du débat

1. Formuler avec ses propres mots la question du débat.
2. Prendre connaissances des documents : lien avec le thème du débat ; arguments à déduire des informations relevées.

B Participer au débat en classe

3. Prendre la parole, présenter ses arguments avec clarté, les justifier au nom de valeurs (respect, responsabilité, dignité...).
4. Écouter les arguments des autres et y répondre avec respect.

C Retenir l'essentiel du débat

5. Retenir les arguments qui correspondent à des attitudes responsables.
6. Faire le point sur l'évolution de son point de vue entre le début et la fin du débat.

Mise en situation

A Analyser le thème du débat

1. La liberté d'expression doit-elle être une liberté sans limites ?
2. Dans quels cas la liberté doit-elle être limitée et dans quels cas doit-elle être sans limites ?

B Participer au débat en classe

3. Je me mets à la place des personnes évoquées dans les documents, celles qui s'expriment par des paroles, celles qui font l'objet d'une caricature.
4. J'exprime mon point de vue à leur sujet, en prenant appui sur les termes « caricature », « diffamation », « injure », et sur la loi.

C Retenir l'essentiel du débat

5. Je distingue, au sujet de la liberté d'expression et de ses limites, les arguments recevables et ceux qui ne le sont pas.
6. J'explique pourquoi j'ai, ou non, modifié mon point de vue entre le début et la fin du débat.

ON EN DISCUTE

1 Être responsable, qu'est-ce que ça veut dire ?

Pour commencer

Arnaud avait lancé un bon gros caillou, lourd et rond, tout droit dans la fenêtre de notre salle de classe. Le maître sortit dans une fureur noire :

– Qui a fait ça ?

Grand silence ! Arnaud faisait tout le temps des bêtises, mais nous l'aimions bien et personne ne voulait le dénoncer, surtout pas moi, car c'était mon meilleur ami. J'étais un élève sérieux et docile, contrairement à lui, mais nous nous entendions très bien.

– Si le responsable ne se dénonce pas avant la fin de la récréation, toute la classe sera punie !

– C'est moi le responsable, dit alors Arnaud en avançant d'un pas.

Ce fut le premier épisode marquant de cette journée. Le second arriva le soir et me plongea dans le doute. Alors que j'écoutais discrètement le maître parler à mes parents à la sortie de l'école, je l'entendis dire sur le ton sévère qui était toujours le sien :

– C'est un enfant très responsable.

Je protestai vigoureusement :

– Mais je n'ai rien fait de mal ! Je ne suis pas le responsable ! […]

Le lendemain, je racontai toute l'affaire à ma grand-mère, qui me gardait tous les mercredis. Pour elle, il n'y avait aucun doute :

– C'est une grande qualité d'être responsable ! Ce n'est pas la même chose qu'être désigné comme « le responsable » d'une bêtise ou bien d'un accident. […]

– Être responsable, c'est répondre de ses actes, qu'ils soient bons ou mauvais. La responsabilité, c'est le fait d'assumer les conséquences de nos actes et de nos décisions.

Fabien Lamouche, *Être responsable*, Giboulées, Gallimard Jeunesse, 2011.

1 NOS PREMIÈRES RÉACTIONS

Nos émotions face à cette situation.

Mes émotions

....

....

....

Les émotions des autres

....

....

....

Coup de pouce

• Aidez-vous de la roue des émotions p. 4.

Nous dialoguons pour dire pourquoi nous ressentons ces émotions.

→ Je rédige quelques phrases qui expliquent les émotions que nous avons ressenties.

....

....

....

Nous discutons à deux, en groupes ou en classe entière.

→ À l'oral, nous réfléchissons autour des mots « **être responsable** », « **responsabilité(s)** ». Qu'est-ce qu'ils veulent dire pour nous ? Pour moi-même et envers les autres ?

Coup de pouce

• Que savez-vous déjà au sujet de ce mot ?

• Que dit le dictionnaire au sujet de ces mots ?

Compétences
- Exprimer son opinion et respecter l'opinion des autres.
- Être capable d'argumenter.

2 NOS ARGUMENTS

« Être responsable, qu'est-ce que ça veut dire ? »

1. à l'oral **Être responsable, qu'en pensent les enfants et les adultes de ce texte ?**

→ Être « le responsable » et être « très responsable », est-ce la même chose ? ❑ Oui ❑ Non

→ Ne pas dénoncer, est-ce être responsable ? ❑ Oui ❑ Non

→ Défendre quelqu'un qui n'aime pas les responsabilités, est-ce lui apprendre à devenir responsable ? ❑ Oui ❑ Non

2. Selon moi, être responsable, assumer ses ou des responsabilités au collège, qu'est-ce que cela devrait être ?

....

....

....

Coup de pouce
- À l'oral, je réponds de manière argumentée aux questions posées.
- J'utilise les mots **respect, effort, courage, conscient de ses actes, libre, engagement, irresponsable…**

Bilan de la discussion

Je réalise un nuage de mots qui explique ce que signifie être responsable.

Interview de
Aline Faccenda, proviseure du lycée des métiers La Source à Nogent-sur-Marne

→ Que m'apprend cette interview ?

Auto-évaluation

J'ai su m'intégrer dans la discussion et enrichir ma réflexion.

❑ ❑ ❑

Repères 2

Les droits et les devoirs des collégiens

1 Ce que dit le règlement intérieur de mon collège

Je suis élève au collège

Mes droits (exemples) :

Mes devoirs (exemples) :

Lorsque je ne respecte pas le règlement intérieur

Punitions (exemples) :

Sanctions (exemples) :

Compétences
- Comprendre et respecter les règles communes.
- S'engager au collège.

2 Ce que dit la loi

Art. 1. L'éducation est la première priorité nationale […]. Outre la transmission des connaissances, la nation fixe comme mission première à l'école de faire partager aux élèves les valeurs de la République. Le service public de l'éducation fait acquérir à tous les élèves le respect de l'égale dignité des êtres humains, de la liberté de conscience et de la laïcité. […]

Le droit à l'éducation est garanti à chacun afin de lui permettre de développer sa personnalité, […] d'exercer sa citoyenneté. […]

L'acquisition d'une culture générale et d'une qualification reconnue est assurée à tous les jeunes, quelle que soit leur origine sociale, culturelle ou géographique.

Code de l'éducation.

3 Au collège, j'ai le droit d'agir

	Comment sont-ils désignés ?	Quel est leur rôle ?
Délégués de classe	....	....
	→ Nom des élèves de ma classe :	
Membres du CVC (Conseil de la vie collégienne)	....	....
	→ Nom des élèves de ma classe :	

QUESTIONS

1 à l'oral Je cite des mots et expressions qui, selon moi, définissent le règlement intérieur.

2 **Doc 1.** À l'aide du règlement intérieur de mon établissement, je complète le schéma.

3 **Doc 1 et 2.** Je souligne dans le document 2 les valeurs de la République et les expressions qui permettent de vivre ensemble, en citoyens.

4 **Doc 1.** J'explique quelle est, selon moi, la différence entre les punitions et les sanctions. À l'aide d'un exemple, j'explique pourquoi les punitions et les sanctions doivent être éducatives.

....

....

....

5 **Doc 3.** Après avoir complété le tableau, j'indique d'autres façons d'agir au collège de manière responsable.

....

....

....

....

Coup de pouce
- Demandez de l'aide à votre professeur(e) principal(e) ou au/à la CPE.

Auto-évaluation

Je connais mes droits et mes devoirs au collège.

☐ ☐ ☐

J'agis 3 Faire vivre la Charte de la laïcité au collège

MA MISSION

Le 9 décembre, tous les établissements scolaires commémorent la loi de 1905 sur la séparation des Églises et de l'État, à l'origine du principe républicain de laïcité. Afin de préparer cette journée dans votre collège, votre classe élabore un abécédaire pour faire vivre la Charte.

1 La laïcité, principe de l'école de la République

« La laïcité à l'école », vidéo du ministère de l'Éducation nationale, 2015.

2 La Charte de la laïcité à l'école, 2013 (extraits)

4 La laïcité permet l'exercice de la citoyenneté, en conciliant **la liberté de chacun** avec **l'égalité et la fraternité de tous** dans le souci de l'intérêt général.

6 La laïcité de l'École offre aux élèves les conditions pour forger leur personnalité, exercer leur libre arbitre et faire l'apprentissage de la citoyenneté. **Elle les protège de tout prosélytisme et de toute pression** qui les empêcheraient de faire leurs propres choix.

8 La laïcité permet l'exercice de **la liberté d'expression** des élèves dans la limite du bon fonctionnement de l'École comme du respect des valeurs républicaines et du pluralisme des convictions.

9 La laïcité implique **le rejet de toutes les violences et de toutes les discriminations**, garantit **l'égalité entre les filles et les garçons** et repose sur une culture du respect et de la compréhension de l'autre.

14 Dans les établissements scolaires publics, les règles de vie des différents espaces, précisées dans le règlement intérieur, sont respectueuses de la laïcité. **Le port de signes ou tenues par lesquels les élèves manifestent ostensiblement une appartenance religieuse est interdit.**

Retrouvez la version complète de la Charte de la laïcité p. 80.

Vocabulaire

- **Charte** : texte réunissant un ensemble de règles à respecter.
- **Laïcité** : principe selon lequel l'État ne favorise aucune religion et garantit à tous la liberté de conscience (pratiquer ou non une religion, exprimer ses convictions). La laïcité symbolise les valeurs de liberté, d'égalité et de fraternité. Elle implique que les signes d'appartenance religieuse soient discrets à l'école publique.
- **Prosélytisme** : attitude de personnes qui cherchent à convaincre d'autres personnes à adhérer à leur croyance religieuse.

3 Devenir des citoyens responsables

Hommage à Samuel Paty dans la cour de la cité scolaire Camille Vernet à Valence, le 15 octobre 2021. Lecture du poème « Liberté » de Paul Éluard et plantation d'un olivier, symbole de paix et d'unité.

Compétence

- Comprendre que la laïcité garantit la liberté et permet de vivre ensemble pacifiquement.

QUESTIONS

1 Doc 1. Je regarde la vidéo et je cite les principes qui définissent la laïcité.

....

....

2 Doc 1 et 2. Je complète le tableau à l'aide des informations de la Charte de la laïcité et de la vidéo.

Au collège, au nom de la laïcité, j'ai le droit…	Au collège, au nom de la laïcité, je n'ai pas le droit…
....	....
....	....
....	....
....	....
....	....
....	....

3 Doc 3. J'argumente : comment cette action illustre-t-elle la laïcité ?

....

....

....

....

....

Coup de pouce

- Faites le lien entre la laïcité et les valeurs de liberté, d'égalité, de fraternité.
- Montrez qu'agir pour la laïcité, c'est s'engager.

J'ACCOMPLIS MA MISSION

Avec ma classe, je relève les mots importants qui définissent la laïcité, puis j'en choisis un que j'explique et que j'illustre.

Les différents mots sont ensuite classés par ordre alphabétique et l'abécédaire peut être affiché dans la classe.

LIBERTÉ

→ La laïcité, c'est la **liberté de conscience**, le droit de choisir **librement** de croire ou de ne pas croire.

Définissez le mot que vous avez choisi en vous appuyant sur les documents étudiés.

Illustrez le mot que vous avez choisi avec des images, photos, dessins, etc.

Auto-évaluation

Je connais les principes de la laïcité et je sais les appliquer.

☐ ☐ ☐

J'agis 4

Lutter ensemble contre les discriminations

MA MISSION

Afin de sensibiliser les élèves du collège à la lutte contre les discriminations, votre classe est chargée de créer une affiche qui dénonce les discriminations. Prenez connaissance des documents afin de vous aider à la réaliser.

1 Les discriminations : de quoi s'agit-il ?

Vidéo

« Agora, les piliers de la République.
Lutte contre les discriminations », France TV Éducation, 2016.

2 Contre les discriminations, le rôle du Défenseur des droits

Toute personne […] peut saisir le **Défenseur des droits** directement et gratuitement lorsqu'elle pense être discriminée. Constitue une discrimination toute inégalité de traitement fondée sur des critères interdits par la loi :

- l'origine,
- le sexe,
- le patronyme,
- le handicap,
- l'âge,
- l'apparence physique,
- la situation économique,
- le lieu de résidence,
- l'orientation sexuelle,
- les opinions politiques […].

D'après defenseurdesdroits.fr, 2018.

3 Unis au collège pour dire « Non » au harcèlement

Initié au Canada, le « Pink Shirt Day » (journée anti-harcèlement) est célébré chaque année le dernier mercredi du mois de février. En France, des établissements ont repris cette action pour lutter contre toutes formes d'intimidation et de discrimination.

4 Ce que dit la loi

Art. 225-2. La discrimination commise à l'égard d'une personne physique ou morale est punie de trois ans d'emprisonnement et de 45 000 € d'amende lorsqu'elle consiste :

1. à refuser la fourniture d'un bien ou d'un service ;

2. à entraver l'exercice normal d'une activité économique quelconque ;

3. à refuser d'embaucher, à sanctionner ou à licencier une personne […].

Code pénal.

Compétences
- Apprendre la tolérance face à la diversité humaine.
- S'engager au collège.

QUESTIONS

1 Dans le règlement intérieur de mon collège, je relève les mots et expressions qui se rapportent aux discriminations.

....

....

....

....

2 **Doc 1 à 4.** Je complète le tableau à l'aide des informations des documents.

Discriminations	
Critères de discriminations (doc 1 à 3)	**Exemples ou formes de discriminations (doc 1 et 3)**
....	....
....	....
....	....
....	....
Conséquences	
Victimes de discriminations (doc 1 et 2)	**Auteurs de discriminations (doc 4)**
....	....
....	....
....	....
....	....

J'ACCOMPLIS MA MISSION

Avec ma classe, je réalise une affiche pour lutter contre les discriminations.

Mots à faire apparaître sur l'affiche :

....

....

....

....

Slogan

Image pour illustrer : personnage(s), objet(s), collage, photographie(s), pictogramme(s)...

Adresses des sites pour signaler les discriminations :

....

....

Auto-évaluation

J'ai pris conscience de la nécessité de vivre ensemble dans la tolérance réciproque.

☐ ☐ ☐

J'enquête 5 S'engager pour la liberté d'expression au collège

Que dois-je faire ? La liberté d'expression est un droit fondamental garanti par la loi. Afin de faire comprendre comment les élèves peuvent l'exercer au collège, vous participez, dans le cadre du Conseil de la vie collégienne, à la rédaction d'une Charte de la liberté d'expression qui définit ce droit et en fixe les limites.

Vidéo : C'est quoi, la liberté d'expression ?

1 S'exprimer au quotidien

Insulter une personne est une injure punie par le code pénal.

2 Ce que dit la loi

Art. 11. La libre communication des pensées et des opinions est un des droits les plus précieux de l'homme : tout citoyen peut donc parler, écrire, imprimer librement, sauf à répondre de l'abus de cette liberté dans les cas déterminés par la loi.

Déclaration des droits de l'homme et du citoyen, 1789.

Art. 13-1. L'enfant a droit à la liberté d'expression. Ce droit comprend la liberté de rechercher, de recevoir et de répandre des informations et des idées, [...] sous une forme orale, écrite, imprimée, artistique [...].

2. L'exercice de ce droit ne peut faire l'objet que des seules restrictions [...] prescrites par la loi, [...] nécessaires au respect des droits ou de la réputation d'autrui.

Convention internationale des droits de l'enfant, 1989.

3 La liberté d'expression au collège

Tous les membres de la communauté scolaire ont des droits. Chacun peut les exercer à titre individuel ou collectif en respectant les règles de vie du collège. [...]

I. LES DROITS

Art. 1.1. Tout élève a droit au respect de son intégrité physique et de sa liberté de conscience. [...] Il peut exprimer son opinion librement à l'intérieur de l'établissement, tant qu'il reste dans les limites du respect d'autrui et dans un esprit de tolérance.

Art. 1.2. Les élèves disposent de la liberté d'expression dans le respect des principes de pluralité et de neutralité.

Ce droit s'exerce essentiellement par l'intermédiaire des délégués.

Extraits du règlement intérieur du collège François Rabelais à Niort (Nouvelle-Aquitaine).

QUESTIONS

1 Doc 1. *à l'oral* Je décris la scène et je donne mon point de vue sur ce que pensent ces élèves au sujet de la liberté d'expression.

2 Doc 1, 2 et 3.
- Je souligne en bleu les mots et expressions qui indiquent que la liberté d'expression est un droit.
- Je souligne en rouge les mots et expressions qui indiquent que la liberté d'expression a des limites.

Compétences
- Développer une conscience civique.
- Comprendre les valeurs de notre société.

4 Enseigner la liberté d'expression

▷ Vidéo
Hommage à Samuel Paty

[…] Samuel Paty a consacré sa vie d'homme à la plus belle des missions : éduquer les jeunes dans le respect des lois et des valeurs de la République […] pour lesquelles il a donné sa vie.

Parmi ces valeurs, la liberté d'expression et d'opinion, y compris religieuse, qui fonde la laïcité, lui était particulièrement chère.

C'est donc de cette laïcité que je veux aujourd'hui vous parler.

La laïcité dans notre République, c'est d'abord l'expression de notre liberté car la laïcité permet à chacun de pratiquer la religion de son choix ou de n'en pratiquer aucune, selon sa conviction.

La laïcité dans notre République, c'est aussi l'égalité entre toutes les religions. Il n'existe pas dans la République de religion d'État ou de religion officielle. Elle les reconnaît toutes et n'en privilégie aucune.

La laïcité de notre République, c'est enfin la fraternité, parce que tous les êtres humains, femmes ou hommes, quelles que soient leurs croyances ou leurs opinions, méritent une égale considération et appellent un même respect. […]

Robert Badinter, 2 novembre 2020.

5 S'exprimer lors de la Semaine de la presse

Venez acheter vos masques dans tous nos supermarchés

Le monde d' aujourd' hui

Mardi 23 mars 2021
1,50€

ISLANDE : VOLCAN EN ERUPTION

Volcan en éruption ©pixabay

Il ne s'est pas réveillé depuis 800 ans. Des touristes, intrigués, ont voulu prendre en photo la lave et ont été pris au piège. Ils ont dû être évacués par hélicoptère. Page 10

-20 % sur votre colle UHU dans votre Intermarché

©A fleuret, pixnio
Le Nigéria en manque d'eau
Page 2

SPORT
Cyclisme-Paris-Roubaix : vers un nouveau report ?
Page 4

BELGIQUE
Anniversaire des victimes du Jihadistes
Page 6

ARABIE SAOUDITE
Yemen,conflit et-rébellion
Page 8

Une réalisée par Mathilde, Milos, Lana, Macime, Éva et Charlotte, élèves de 4e du collège Roger Martin du Gard de Bellême (Orne) : recherche d'informations, de photos, création de titres, de logos…

QUESTIONS

3 Doc 4. Je relève les arguments de Robert Badinter qui montrent que la liberté d'expression, c'est :
- la laïcité : ……………………………………………………
- l'égalité : ……………………………………………………
- la fraternité : ……………………………………………………

……………………………………………………

4 Doc 2 et 5. J'explique comment ces élèves de 4e ont mis en application la liberté d'expression.

……………………………………………………

……………………………………………………

Ce que j'ai appris

Je rédige la Charte de la liberté d'expression du collège et distingue, à l'aide des mots et expressions des documents, ce que permet la loi et ce qu'elle interdit.

Charte de la liberté d'expression	
Droits	Devoirs et obligations

Je note les droits que garantit la liberté d'expression : liberté de conscience, de pensée, d'opinion, etc.

Je note les devoirs et les obligations qu'implique la liberté d'expression : respect des limites imposées par loi, interdiction de l'injure, devoir de tolérance, etc.

J'ajoute des exemples qui montrent comment faire vivre la Charte : journal du collège, fresque, exposition, etc.

J'accompagne mes idées d'extraits des textes fondamentaux.

Auto-évaluation

J'ai pris conscience que la liberté d'expression doit avoir des limites.

☐ ☐ ☐

Débattre 6

Pourquoi s'engager dans la vie du collège ?

1 Participer au Conseil de la vie collégienne (CVC)

« Je me suis présentée au CVC de mon collège pour changer des petites choses que je n'aimais pas trop. Les élèves nous ont demandé de mettre de la pelouse dans la cour, de lutter contre les calbotes[1] car ça mène à des bagarres.

On a appelé un monsieur qui vient de « Hope[2] for Education », une association qui lutte contre le harcèlement. Il nous a appris qu'en cas de harcèlement on va vite courir dans le bureau de la CPE et tout lui expliquer. […]

Ça me plaît car on a le droit de donner nos idées qui pourront se réaliser. »

Témoignage d'une élève de 6e du collège Les Escholiers de la Mosson, Montpellier, onisep.fr, 2016.

1. Petites tapes.
2. Espoir.

2 S'engager dans une action humanitaire

Des collégiennes participent à la campagne « Mets tes baskets et bats la maladie » organisée par l'association ELA, engagée contre les leucodystrophies, qui collecte des fonds pour la recherche médicale.

3 Être élu délégué de classe

« J'ai été élu délégué de classe de 6e. J'ai assisté déjà à deux conseils de classe. Le premier conseil était plutôt impressionnant parce qu'on se retrouve parmi des professeurs qui discutent entre eux.

Avant le conseil, je demande à des élèves s'ils ont des choses à dire. Le rôle du délégué est de défendre un élève s'il a des difficultés. À la fin du conseil, je vais dire à chaque élève ce qu'on a dit sur lui personnellement. »

Témoignage de Babafémo, délégué de classe, onisep.fr, 2018.

4 Devenir médiateur

Vidéo

Médiation par les pairs par la communication Non Violente au collège Victor Hugo de Sarcelles (Val-d'Oise). Reportage, 2015.

Le savez-vous ?

• Vous pouvez représenter les élèves de votre classe en étant élu(e) délégué(e), et aussi représenter les élèves de votre collège en participant au **conseil d'administration** en tant que **délégué(e) des délégué(e)s**.

Vocabulaire

• **Médiateur** : personne qui sert d'intermédiaire entre deux personnes ou deux groupes, pour régler par la discussion un désaccord ou un conflit (au collège, petites violences quotidiennes, incivilités).

Compétences
- Être capable d'argumenter.
- Confronter ses jugements à ceux des autres.

ÉTAPE 1 J'analyse le thème du débat

1 **Doc 1 à 4.** à l'oral En une ou deux phrases, je présente l'engagement évoqué dans chacun des documents.

ÉTAPE 2 Je participe au débat en classe

2 **Pourquoi s'engager dans la vie du collège ?**

a. **Avant le débat :** je note dans le tableau les arguments qui correspondent à mon point de vue en m'aidant des documents et de ce que je constate au collège.

b. **Pendant le débat :** je note les arguments des autres élèves.

c. **Après le débat :** j'entoure dans le tableau les arguments avec lesquels je suis d'accord.

	Je souhaite m'engager ou je me suis engagé-e dans mon collège
Mes arguments	....
Les arguments des autres élèves	....

ÉTAPE 3 Ce que je retiens du débat

3 À la suite du débat en classe, je rédige quelques phrases qui expriment mon point de vue personnel.

- Dans quel type d'action est-ce que je souhaiterais m'engager ? J'explique pourquoi.

....
....
....
....

- Mon point de vue a-t-il évolué après le débat ? J'argumente.

....
....
....
....

Auto-évaluation

J'ai développé mon aptitude à participer à l'amélioration de la vie commune au collège.

☐ ☐ ☐

Je retiens Au collège, apprendre la responsabilité

A Appliquer le règlement intérieur du collège

• Le **règlement intérieur** est la **loi** du collège. Il vous accorde des **droits** : la liberté d'expression, le droit au respect de votre dignité… Il vous oblige à des **devoirs** : présence à tous les cours, respect d'autrui et des consignes de sécurité. S'il n'est pas respecté, des mesures disciplinaires et éducatives sont prises (mesures de responsabilisation…).

• Le règlement intérieur garantit l'application des **valeurs de la République : Liberté, Égalité, Fraternité**. La **Charte de la laïcité** à l'école reconnaît à chacun de vous le droit d'avoir ou non une religion. C'est la **liberté de conscience**. Que vous soyez fille ou garçon, quelle que soit votre couleur de peau, votre apparence physique, votre culture, vous êtes tous **égaux**, dans la **diversité**. Toute **injure** est punie par la loi.

B S'engager au collège, en citoyens

• Au collège, vous apprenez à développer votre **conscience citoyenne**, pour mieux vivre ensemble. Votre **engagement** peut être **individuel** : vous faire élire délégué des élèves, devenir **médiateur** pour régler les conflits, ambassadeur contre le **harcèlement**, tuteur d'un élève en demande d'aide…

• Votre **engagement** peut aussi être **collectif**, au nom de la solidarité : animer des débats lors de la Journée nationale de la laïcité ou des Semaines d'éducation contre les **discriminations** ; réaliser une exposition sur la liberté d'expression lors de la Semaine de la presse et des médias ; organiser une action en faveur du développement durable, d'associations humanitaires…

Les mots importants

• **Discrimination** : fait de refuser des droits à une personne ou à un groupe de personnes, en raison de son origine, de son appartenance religieuse, de son handicap… Cette attitude est punie par la loi.

• **Harcèlement** : violences répétées, par des actes ou des paroles qui sont le fait d'une ou de plusieurs personnes sur une victime isolée qui ne peut se défendre.

• **Injure** : insulte contre un individu ou groupe d'individus, punie par le code pénal.

• **Laïcité** : principe selon lequel l'État ne favorise aucune religion et garantit à tous la liberté de conscience (pratiquer ou non une religion, exprimer ses convictions). La laïcité symbolise les valeurs de liberté, d'égalité et de fraternité. Elle implique que les signes d'appartenance religieuse soient discrets à l'école publique.

• **Médiateur** : personne qui sert d'intermédiaire entre deux personnes ou deux groupes, pour régler par la discussion un désaccord ou un conflit.

Les Valeurs de la République

▶ Dignité

Le respect de la **dignité** de toute personne humaine est inscrit dans la Déclaration universelle des droits de l'homme (1948). Il se fonde sur le **caractère unique de l'être humain** qui choisit librement l'orientation de sa vie.

Reconnaître cette dignité, c'est **refuser et combattre les discriminations** (racisme, antisémitisme, homophobie…), au nom de l'égalité.

Je révise chez moi

Je connais l'essentiel

- ○ ✔ **Quelles libertés sont accordées aux collégiens ?** J'encadre les deux mentionnées.
- ○ ✔ **Quelle phrase garantit l'égalité entre les collégiens ?** Je la souligne en rouge.
- ○ ✔ **Comment l'élève peut-il s'engager au collège ?** Je souligne en bleu quatre actions.

Je sais définir et utiliser dans une phrase

- ○ ✔ **Laïcité à l'école**
- ✔ **Liberté d'expression**
- ○ ✔ **Lutte contre le harcèlement**

Entraîne-toi à l'aide des exercices numériques !

EXO Exercices interactifs

Exercices

1 Je sais ce que signifie la responsabilité au collège

J'entoure, parmi ces expressions, celles qui illustrent la responsabilité au collège.

Propager une rumeur

Assumer les conséquences de ses actes

Aider un élève

Être libre de s'exprimer

Rire au dépens d'un plus jeune

Arriver en retard en classe

Proposer une action au CVC pour lutter contre les discriminations

Insulter un camarade de classe

Masquer un signe religieux avant d'entrer au collège

Savoir à quoi mènent ses actions

Surveiller les élèves pendant le cours

Prévenir un adulte lorsqu'un élève est harcelé dans la cours

Abimer une table de classe

2 Je mets en relation des engagements au collège et le rôle des élèves.

Je relie par des flèches la fonction exercée par le ou les élèves à l'action d'engagement qui lui correspond.

Le médiateur •	• S'exprimer au conseil de classe pour défendre un élève.
L'élève-délégué •	• Courir pour une association humanitaire.
Le conseiller CVC •	• Intervenir dans les classes de 6e à l'occasion de la campagne « Non au harcèlement ».
L'ensemble des élèves •	• Proposer au principal un projet pour la Journée de la laïcité.
L'éco-délégué •	• Être l'intermédiaire entre deux élèves pour les aider à résoudre leur conflit.
L'ambassadeur •	• Organiser chaque mois le tri et recyclage d'objets du collège.

VERS LE BREVET

SUJET GUIDÉ

Situation pratique L'engagement au collège

1 S'engager contre le harcèlement

Affiche lauréate de l'édition 2021 du concours « Non au harcèlement », catégorie meilleure affiche. Collège Rabelais, académie de Lille.

1 Quelle est la nature de l'image ? D'où provient-elle ?

2 Au centre, il y a… Au premier plan… ; au second plan… ; le slogan est…

3 Qui a réalisé cette affiche ? Dans quel contexte ? Quel est son sujet principal ?

2 Ce que dit la loi

Art. 222-33-2-2. Le fait de harceler une personne par des propos ou comportements répétés ayant pour objet ou pour effet une dégradation de ses conditions de vie se traduisant par une altération de sa santé physique ou mentale est puni d'un an d'emprisonnement et de 15 000 € d'amende […].

Code pénal.

MÉTHODE

Analyser et comprendre une image

1 **Identifier l'image : « ce que je lis »**
- Observez l'image et lisez sa légende. → voir encadré 1

2 **Décrire l'image : « ce que je vois »**
- Repérez son titre et son slogan.
- Caractérisez les éléments visuels qui la composent. → voir encadré 2
- Identifiez le sens des mots.

3 **Contextualiser l'image : « ce que je sais »**
- Indiquez dans quel contexte cette affiche a été réalisée et repérez le sujet présenté. → voir encadré 3

4 **Interpréter et critiquer l'image : « ce que j'en déduis »**
- À partir des éléments observés et de vos connaissances, expliquez le message de l'affiche et donnez votre point de vue.
- Mettez-le en lien avec ce que vous savez sur la responsabilité et l'engagement, notamment au collège.

QUESTIONS

1 Doc 1. Nommez le domaine dans lequel les élèves ont décidé de s'engager et relevez le terme qui qualifie leur action.

....

....

....

2 Doc 1. Expliquez ce que dénoncent les élèves, et de quelle manière.

....

....

....

3 Doc 1 et 2. Relevez ce que dit la loi au sujet de ce que dénoncent les élèves, et montrez qu'elle leur donne raison.

....

....

....

4 Doc 1 et 2. Argumentez : comment le message de ces deux documents illustre-t-il la nécessité d'agir pour faire respecter les valeurs de la République ?

....

....

....

....

....

....

5 Vous souhaitez vous engager dans une action pour mieux vivre ensemble dans votre collège. Vous rédigez une lettre que vous adressez au Conseil de la vie collégienne (CVL), en expliquant votre projet et les motifs de votre engagement.

....

....

....

....

....

....

....

....

....

....

....

ON EN DISCUTE

7 La liberté, qu'est-ce que ça veut dire ?

Pour commencer

À l'occasion de la fête d'Halloween[1], [...] la municipalité a décidé de prendre des mesures [...].

Un arrêté municipal règlementera la circulation des mineurs sur toute la commune de Villefranche-de-Rouergue, dans la nuit du jeudi 31 octobre au vendredi 1er novembre, de 22 h 30 à 6 h du matin. [...] « Tout mineur âgé de moins de 16 ans ne pourra circuler sur le territoire de la commune sans être accompagné d'une personne majeure. En cas d'urgence, tout mineur en infraction avec ces dispositions pourra être reconduit à son domicile par les agents de la gendarmerie nationale, ou de la police municipale. Ces forces de l'ordre organiseront des rondes fréquentes [...] ».

centrepresseaveyron.fr, 31 octobre 2019.

1. Selon la tradition, les enfants se déguisent avec des costumes effrayants et sonnent aux portes avec la formule « des bonbons ou un sort ! ».

1 NOS PREMIÈRES RÉACTIONS

Nos émotions face à cette situation.

Mes émotions

....
....
....
....
....
....
....
....

Les émotions des autres

....
....
....
....
....
....
....
....

Coup de pouce

- Aidez-vous de la roue des émotions p. 4.

Nous dialoguons pour dire pourquoi nous ressentons ces émotions.

→ Je rédige quelques phrases qui expliquent les émotions que nous avons ressenties.

....
....

Coup de pouce

- Je réfléchis à ce qu'est la liberté dans la vie au collège, et hors du collège dans la vie de tous les jours.

Nous discutons à deux, en groupes ou en classe entière.

→ Nous réfléchissons autour du mot « **liberté** ». Qu'est-ce qu'il veut dire pour nous ?

....
....
....

Compétences
- Identifier et exprimer ses émotions.
- Exprimer son point de vue et respecter le point de vue de l'autre.

2 NOS ARGUMENTS

« La liberté, qu'est-ce que ça veut dire ? »

1. à l'oral **La décision de la municipalité est-elle une atteinte à la liberté des mineurs ?**

→ En circulant seul la nuit, un mineur peut-il se sentir libre ? ❑ Oui ❑ Non

→ En circulant seul la nuit, un mineur peut-il porter atteinte à la liberté d'autrui ? ❑ Oui ❑ Non

2. **Selon moi, être libre dans la vie de tous les jours, qu'est-ce que cela devrait être ?**

....

....

....

Coup de pouce
- Je réponds de manière argumentée aux questions posées.
- J'utilise les mots : **respect, droit, loi, responsable, individualisme, vivre ensemble**…

Bilan de la discussion

Je réalise une infographie qui distingue deux thèmes :
- **La liberté, ce n'est pas…**
- **La liberté, c'est…**

→ J'illustre la liberté dans différentes situations : au collège, dans la rue, dans ma famille, dans mes activités, avec mes ami(e)s, dans mes paroles…

Interview de Annabelle Pena, agrégée de droit public, professeure à l'université de Toulon

→ Que m'apprend cette interview ?

Auto-évaluation

J'ai su m'intégrer dans la discussion et enrichir ma réflexion.

❑ ❑ ❑

Repères 8

Les textes fondateurs des droits humains

1 La Déclaration des droits de l'homme et du citoyen, 26 août 1789 (extraits)

Préambule. Les représentants du peuple français, constitués en Assemblée nationale […] ont résolu d'exposer, dans une déclaration solennelle, les droits naturels, inaliénables et sacrés de l'homme […].

Art. 1er. Les hommes naissent et demeurent libres et égaux en droits. […]

Art. 2. Le but de toute association politique est la conservation des droits naturels et imprescriptibles de l'homme. Ces droits sont la liberté, la propriété, la sûreté, et la résistance à l'oppression.

Art. 3. Le principe de toute souveraineté réside essentiellement dans la Nation. […]

Art. 4. La liberté consiste à pouvoir faire tout ce qui ne nuit pas à autrui : ainsi, l'exercice des droits naturels de chaque homme n'a de bornes que celles qui assurent aux autres membres de la société la jouissance de ces mêmes droits. Ces bornes ne peuvent être déterminées que par la loi.

Art. 5. La loi n'a le droit de défendre que les actions nuisibles à la société. Tout ce qui n'est pas défendu par la loi ne peut être empêché, et nul ne peut être contraint à faire ce qu'elle n'ordonne pas.

Art. 6. La loi est l'expression de la volonté générale. Tous les citoyens ont droit de concourir personnellement, ou par leurs représentants, à sa formation. Elle doit être la même pour tous, soit qu'elle protège, soit qu'elle punisse. […]

Art. 9. Tout homme étant présumé innocent jusqu'à ce qu'il ait été déclaré coupable, s'il est jugé indispensable de l'arrêter, toute rigueur qui ne serait pas nécessaire pour s'assurer de sa personne doit être sévèrement réprimée par la loi.

Art. 10. Nul ne doit être inquiété pour ses opinions, même religieuses, pourvu que leur manifestation ne trouble pas l'ordre public établi par la loi.

Art. 11. La libre communication des pensées et des opinions est un des droits les plus précieux de l'homme : tout citoyen peut donc parler, écrire, imprimer librement, sauf à répondre de l'abus de cette liberté dans les cas déterminés par la loi.

[…]

Elle est adoptée au début de la Révolution française, à la suite des événements du 14 juillet et de la nuit du 4 août 1789, qui mettent fin à l'Ancien Régime.

Info

Les grands textes fondateurs

- 1789 : **Déclaration des droits de l'homme et du citoyen,** intégrée dans la Constitution de la Ve République de 1958
- 1950 : **Convention européenne des droits de l'homme** signée par 47 États d'Europe
- 1989 : **Convention internationale sur les droits de l'enfant** signée par 196 États
- 2000 : **Charte des droits fondamentaux de l'Union européenne** signée par les 27 États de l'UE

Compétence
- Comprendre les valeurs communes d'une société démocratique.

2 La Charte des droits fondamentaux de l'Union européenne, 18 décembre 2000 (extraits)

Préambule. Les peuples de l'Europe, en établissant entre eux une union sans cesse plus étroite, ont décidé de partager un avenir pacifique fondé sur des valeurs communes. […]

L'Union se fonde sur les valeurs indivisibles et universelles de dignité humaine, de liberté, d'égalité et de solidarité ; elle repose sur le principe de la démocratie […].

L'Union contribue à la préservation et au développement de ces valeurs communes dans le respect de la diversité des cultures et des traditions des peuples de l'Europe […].

La jouissance de ces droits entraîne des responsabilités et des devoirs tant à l'égard d'autrui qu'à l'égard de la communauté humaine et des générations futures. […]

Art. 1er. La dignité humaine est inviolable. Elle doit être respectée et protégée.

Art. 2-1. Toute personne a droit à la vie. […]

Art. 4. […] Nul ne peut être soumis à la torture, ni à des peines ou traitements inhumains ou dégradants.

Art. 5-1. Nul ne peut être tenu en esclavage ni en servitude.

2. Nul ne peut être astreint à accomplir un travail forcé ou obligatoire. […]

Vidéo Comprendre la Charte des droits fondamentaux de l'UE

Art. 7. Toute personne a droit au respect de sa vie privée et familiale, de son domicile, de ses communications. […]

Art. 10-1. Toute personne a droit à la liberté de pensée, de conscience et de religion. […]

Art. 11-1. Toute personne a droit à la liberté d'expression. Ce droit comprend la liberté d'opinion et la liberté de recevoir ou de communiquer des informations ou des idées […].

2. La liberté des médias et leur pluralisme sont respectés.

Art. 12-1. Toute personne a droit à la liberté de réunion pacifique et la liberté d'association […].

Art. 14-1. Toute personne a droit à l'éducation […].

Art. 20. Toutes les personnes sont égales en droit.

Art. 21-1. Est interdite toute discrimination fondée notamment sur le sexe, la race, la couleur, les origines ethniques ou sociales, les caractéristiques génétiques, la langue, la religion ou les convictions, les opinions […], un handicap, l'âge ou l'orientation sexuelle.

QUESTIONS

1 Doc 1 et 2. Je présente ces deux textes fondateurs des droits humains en complétant le tableau :

	Adoptée par qui ?	Dans quel contexte : date ? événement ?
Doc 1. Déclaration des droits de l'homme et du citoyen	…………	…………
Doc 2. Charte des droits fondamentaux de l'Union européenne	…………	…………

2 Doc 1 et 2. Je cite les libertés et les droits communs à ces textes fondamentaux.

…………………………………………………………

…………………………………………………………

…………………………………………………………

3 Doc 1 et 2. Je souligne dans la Charte des droits fondamentaux de l'UE les nouveaux droits et libertés énoncés.

4 Doc 2. J'indique ce que rejette la Charte.

…………………………………………………………

…………………………………………………………

…………………………………………………………

Auto-évaluation

Je sais définir les valeurs et principes des grands textes fondateurs des droits humains.

☐ ☐ ☐

J'enquête 9 La conquête des libertés et des droits

Que dois-je faire ? **La Déclaration des droits de l'homme et du citoyen (1789) affirme que « les hommes naissent et demeurent libres et égaux en droits ». La Charte des droits fondamentaux de l'UE affirme le droit de toute personne à la dignité, à la liberté, à l'égalité, à la démocratie... À vous de mener l'enquête et de vérifier, à l'aide des documents, si ces affirmations sont une réalité en France.**

1 En France, une conquête par étapes

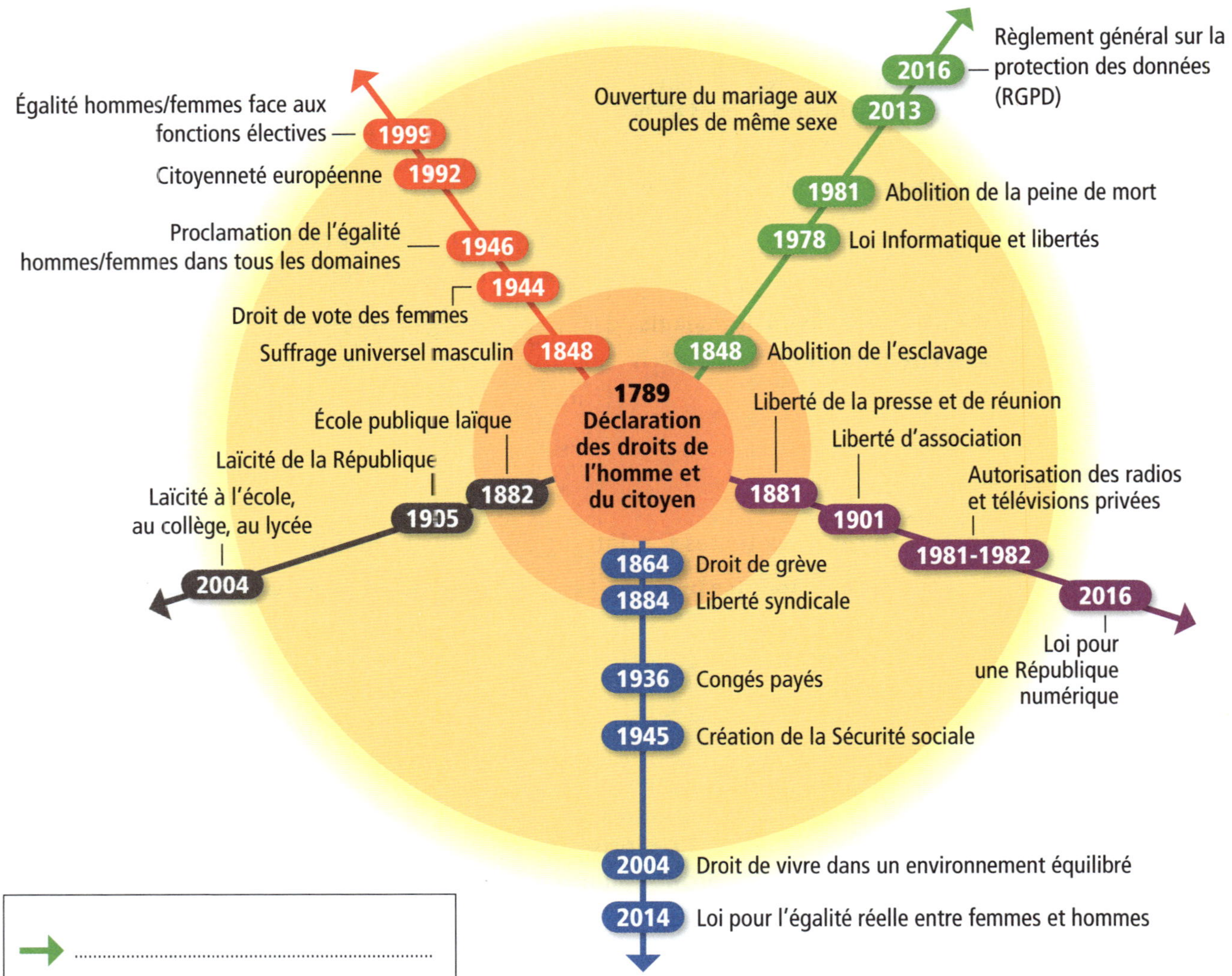

→ ....

→ ....

→ ....

→ ....
....

→ ....

QUESTIONS

1 Doc 1. Je complète la légende du document 1 à l'aide des propositions suivantes : *liberté de pensée, de conscience – droits politiques – liberté individuelle – droits sociaux – liberté d'expression.*

2 Doc 1. Je souligne quelques droits et libertés qui illustrent : *la liberté – la dignité – l'égalité – la solidarité – la démocratie.*

Compétence
- Comprendre les libertés et les droits de la personne et du citoyen.

2 Le droit à la parité en politique, une réalité ?

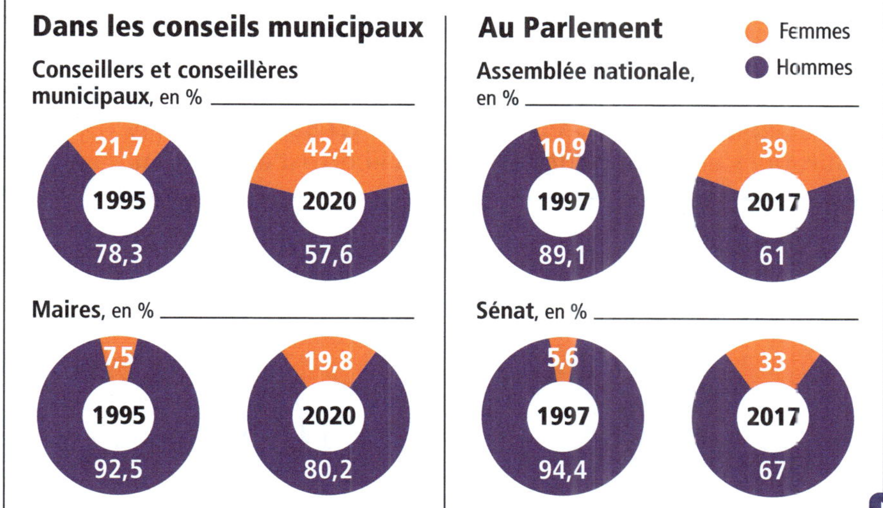

Source : *Vie-publique.fr*

Source : Chiffres clés de l'égalité, ministère chargé de l'Égalité entre les femmes et les hommes, de la Diversité et de l'Égalité des chances, 2020.

3 Ce que dit la loi

Art. 1er. [...] La loi favorise l'égal accès des femmes et des hommes aux mandats électoraux et fonctions électives, ainsi qu'aux responsabilités professionnelles et sociales.

Constitution de la Ve République, 1958 (ajout de la loi du 8 juillet 1999).

Vocabulaire
- **Parité** : répartition égale des fonctions politiques entre les femmes et les hommes.

Vidéo
Interview de Danielle Bousquet, présidente du Haut Conseil à l'Égalité (2013-2019)

QUESTIONS

3 Doc 2. Je compare l'évolution de la part des femmes et de celle des hommes élus dans les conseils municipaux et au Parlement.

....

....

....

4 Doc 2 et 3. J'explique pourquoi le droit à la parité demeure à conquérir.

....

....

Ce que j'ai appris

Je rédige un texte qui définit, à l'aide d'exemples, la liberté individuelle, les droits politiques, les droits sociaux, et qui explique comment ces droits et libertés sont le résultat d'une conquête à poursuivre.

....

....

....

....

....

....

....

Méthode
- Je définis les droits et libertés à l'aide des informations (doc 1).
- J'explique leur conquête à l'aide de dates (doc 1).
- Je justifie la nécessité de poursuivre cette conquête (doc 2).

Auto-évaluation

J'ai compris l'importance des libertés et des droits pour vivre en société.

☐ ☐ ☐

J'agis 10

Défendre la liberté d'expression

MA MISSION

La liberté d'expression est un droit fondamental de la République française, affirmé dès 1789 dans la Déclaration des droits de l'homme et du citoyen. Dans le cadre du Prix Samuel Paty, je réalise un « papillon » qui explique pourquoi s'engager pour défendre la liberté d'expression.

Vidéo
Hommage à Conflans-Sainte-Honorine, 16 octobre 2021

1 Manifester pour la liberté d'expression

À la suite de l'assassinat du professeur Samuel Paty, partout en France, enseignants et citoyens ont manifesté pour la défense des valeurs de la démocratie.
17 octobre 2020, place de la République, Paris.

2 La liberté d'expression, un engagement de tous

Affiche réalisée par les élèves du collège Le Cèdre - Le Vésinet (Yvelines) à l'occasion de la journée d'hommage à Samuel Paty le 15 octobre 2021.

3 Hommages officiels à Samuel Paty

a. L'hommage national

Ce soir, je veux vous parler de votre collègue, de votre professeur […] assassiné parce qu'il avait décidé d'apprendre à ses élèves à devenir citoyens. Apprendre les devoirs pour les remplir. Apprendre les libertés pour les exercer. […]

Samuel Paty fut la victime […] de la bêtise, du mensonge, de l'amalgame, de la haine de l'autre […]. Samuel Paty est devenu vendredi le visage de la République, de notre volonté […] de vivre comme une communauté de citoyens libres dans notre pays.

Extraits du discours prononcé par Emmanuel Macron, président de la République, lors de l'hommage national rendu à Samuel Paty dans la cour de l'université de la Sorbonne, 20 octobre 2020.

b. L'hommage dans les communes

De la sidération et de l'effroi après ce crime abominable perpétré contre un professeur de la République condamné à mort parce qu'il a fait son métier. À travers cet acte terroriste effroyable, c'est la liberté d'expression qu'on veut assassiner. L'esprit critique, la liberté de penser, c'est l'essence même de notre démocratie. […] Ne nous résignons jamais. Résistons.

Message publié par François-Xavier Priollaud, maire de Louviers (Normandie), sur sa page Facebook, 21 octobre 2020.

4 Ce que dit la loi

Art. 11. La libre communication des pensées et des opinions est un des droits les plus précieux de l'homme : tout citoyen peut donc parler, écrire, imprimer librement, sauf à répondre de l'abus de cette liberté dans les cas déterminés par la loi.

Déclaration des droits de l'homme et du citoyen, 1789.

Compétence
- S'engager pour la liberté.

QUESTIONS

1 Doc 1 et 3. Je cite les personnes évoquées dans ces documents et je présente leur attitude face à l'assassinat de Samuel Paty.

....

....

....

2 Doc 3 et 4. Je relève les mots et expressions qui indiquent
– ce qu'est la liberté d'expression : ....

....

– ce qui lui porte atteinte : ....

....

3 • Doc 2. En petit groupe, nous nous mettons à la place des élèves de ce collège. Nous expliquons pourquoi ils mettent en relation la liberté d'expression et les valeurs de la République.

Liberté	....
Égalité	....
Fraternité	....
Laïcité	....

• **à l'oral** Chaque groupe choisit une valeur et présente sa réflexion à la classe.

J'ACCOMPLIS MA MISSION

Je réalise mon « papillon » à partir des informations des documents et de mon propre point de vue.

Un titre / slogan

Je m'engage pour la liberté d'expression

Des visuels qui symbolisent les libertés en France

Des mots / phrases pour défendre la liberté d'expression

– S'accepter les uns les autres, même si nos opinions nous opposent.
– …

Info

Qu'est-ce qu'un papillon ?
C'est le nom des feuillets rédigés par les résistants pendant la Seconde Guerre mondiale et distribués clandestinement à la population. Ils invitaient à résister contre l'occupant allemand et ses atteintes aux libertés.

Auto-évaluation

J'ai pris conscience de la nécessité de s'engager pour défendre la liberté d'expression.

☐ ☐ ☐

Lien Prix Samuel Paty

J'enquête 11 Qu'est-ce que la liberté de circulation ?

Que dois-je faire ? **La liberté de circulation est un droit fondamental, universel, garanti par le droit. À partir des informations des documents et de ma vie au collège, je complète un tableau qui définit cette liberté et justifie ses limites.**

1 Ce que dit la loi

Art. 13. Toute personne a le droit de quitter tout pays, y compris le sien, et de revenir dans son pays.

Déclaration universelle des droits de l'homme, 1948.

Art. 45-1. Tout citoyen de l'Union a le droit de circuler et de séjourner sur le territoire des États membres.

Charte des droits fondamentaux de l'Union européenne, 2000.

Le savez-vous ?

Pour **entrer dans un pays étranger et y séjourner**, il faut un passeport. Dans certains pays, l'entrée est soumise à l'obtention d'un visa, qui limite la durée du séjour.

2 Sur la route, circuler en respectant des règles

Afin d'encadrer une pratique qui a pris de l'ampleur ces dernières années, les trottinettes électriques et « autres engins de déplacement personnels motorisés (EDPM) » sont intégrés dans le Code de la route depuis 2019.

3 La liberté de circulation des mineurs

La circulation des mineurs […] est en principe libre. C'est ce qu'on appelle le « principe de libre circulation » c'est-à-dire ce droit de l'homme essentiel qu'est la liberté d'aller et venir. Mais, parce que les mineurs doivent être protégés, cette liberté est encadrée. […] Les mineurs bénéficient d'une protection […] par l'État et d'une protection parentale. […] Le mineur est placé pendant toute la période de sa minorité […] sous la protection de ses parents. C'est dans ce cadre que les parents peuvent tout à fait interdire à un mineur de « sortir » le soir et qu'ils peuvent lui « imposer » un horaire pour rentrer à la maison. Il s'agit là […] d'un droit pour les parents, mais aussi d'un devoir : des parents qui seraient excessivement négligents pourraient faire l'objet de mesures d'assistance éducative voire de « sanctions ».

Dominique Chagnollaud, *Code Junior* (9e édition), Dalloz, 2017.

QUESTIONS

1 Doc 1. Je souligne le nom et la date de ces textes de référence, ainsi que les groupes de mots qui définissent la liberté de circulation.

2 Le savez-vous ? et doc 2 et 3. Je relève les informations qui indiquent comment s'exerce la liberté de circulation.

– Sur la route : ....

– Pour les mineurs : ....

– Pour circuler hors des frontières : ....

3 Doc 1, 2 et 3. à l'oral J'exprime mon point de vue : l'exercice de la liberté de circulation est-elle en contradiction avec ce que dit la loi ?

Compétence
- Avoir le sens de l'intérêt général.

4 Circuler en Europe : le droit à la mobilité

Affiche de l'agence Erasmus+ France, septembre 2018.

Info

L'espace Schengen est un espace de libre circulation des personnes en Europe à l'intérieur duquel il n'y a pas de contrôle aux frontières. Un État peut ponctuellement rétablir des contrôles, en cas d'atteinte à l'ordre public ou à la sécurité nationale.

Vidéo — L'espace Schengen

5 Des restrictions de circulation

Vidéo

« Covid-19 : circuler au sein de l'Union européenne, un véritable casse-tête », Franceinfo, 20 février 2021.

QUESTIONS

4 Doc 4, 5 et Info.

- Je propose des arguments qui montrent que, sur le territoire de l'Europe, la circulation est libre.

....

....

....

....

....

....

- **à l'oral** J'explique dans quelles circonstances la liberté de circulation en Europe peut être remise en cause.

Ce que j'ai appris

Je définis la liberté de circulation et ses limites en complétant le tableau ci-dessous :

La liberté de circulation	
Ce que dit le droit	....
Une liberté encadrée : comment ?	....
Une liberté encadrée : pourquoi ?	....

Auto-évaluation

Je sais que respecter les limites de la liberté de circulation, c'est être responsable.

☐ ☐ ☐

Débattre 12

Jusqu'où peut aller la liberté d'expression ?

1 La liberté d'expression en France

« Les clés des médias : la liberté d'expression et ses limites », France TV Éducation, 2016.

2 Ce que dit la loi

Art. 1. L'imprimerie et la librairie sont libres. […]

Art. 5. Tout journal […] peut être publié, sans autorisation préalable […].

Art. 29. Toute allégation ou imputation qui porte atteinte à l'honneur ou à la considération de la personne auquel le fait est imputé est une diffamation […].

Toute expression outrageante, terme de mépris ou invective qui ne renferme l'imputation d'aucun fait est une injure. […]

Art. 32 et 33. La diffamation et l'injure […] seront punies d'une amende de 12 000 euros[1].

Loi du 29 juillet 1881 sur la liberté de la presse.

1. Un an d'emprisonnement et 45 000 euros d'amende en cas de propos discriminatoire (racisme, homophobie, handicap…).

3 S'exprimer par la caricature

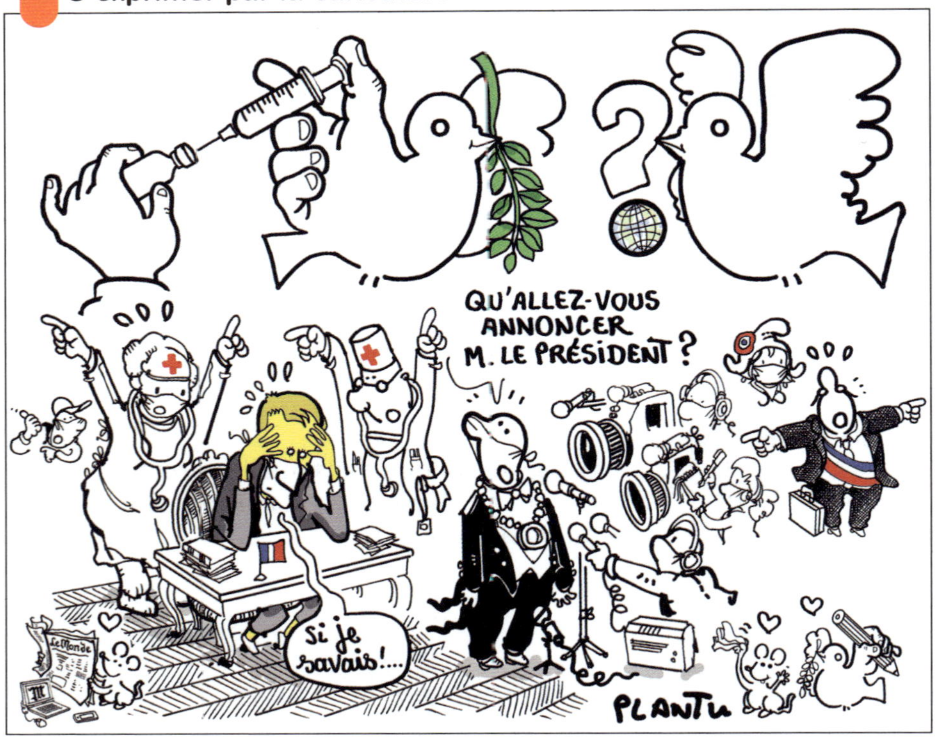

Le président de la République Emmanuel Macron face à la pandémie de COVID-19.
Plantu, *Le Monde*, 1er avril 2021.

Vocabulaire

- **Caricature** : déformer ou exagérer la réalité dans un dessin ou un texte, pour faire rire, réagir, réfléchir.
- **Diffamation** : paroles ou écrits sans preuves, qui portent atteinte à la réputation de quelqu'un.
- **Injure** : insulte contre un individu ou un groupe d'individus, punie par le code pénal.

4 Une décision du tribunal judiciaire

Madame B… qui avait comparé La Réunion à « l'île du diable », et les Réunionnais à une « population dégénérée encore imprégnée des traditions barbares qui sont leurs souches » a été condamnée jeudi 4 novembre par le tribunal judiciaire de Saint-Denis à 20 000 euros pour injures raciales. Madame B… avait adressé en mars 2019 une lettre ouverte au préfet de La Réunion. Se disant « envahie par des lettres dénonçant la barbarie que les Réunionnais exercent sur les animaux ».

Ces invectives avaient provoqué une grande indignation dans l'île. La ministre des Outre-mer avait adressé une lettre ouverte à Madame B. « Le racisme n'est pas une opinion, c'est un délit. » Le député Jean-Hugues Ratenon (LFI), la Licra, le Mrap et SOS Racisme, la ligue des droits de l'homme et des associations et groupements religieux hindous avaient ensuite porté plainte contre Madame B.

D'après lefigaro.fr avec l'AFP, 4 novembre 2021.

Compétence
- S'exprimer de manière responsable.

ÉTAPE 1 J'analyse le thème du débat

1 Doc 1 à 4. à l'oral En quelques phrases, je définis la liberté d'expression présentée dans chacun de ces documents.

2 Doc 1 et 4. À l'aide de la loi, je nomme les atteintes à la liberté d'expression évoquées dans les documents, et je justifie mes choix.

	Atteinte(s) à la liberté d'expression
Doc 1.	....
Doc 4.	....

ÉTAPE 2 Je participe au débat en classe

3 Jusqu'où peut aller la liberté d'expression ?

a. **Avant le débat :** j'écris mes arguments dans le tableau.

b. **Pendant le débat :** je note les arguments des autres élèves.

c. **Après le débat :** j'entoure les arguments avec lesquels je suis d'accord.

	La liberté d'expression, c'est…	La liberté d'expression, ce n'est pas…
Mes arguments	....	....
Les arguments des autres élèves	....	....

ÉTAPE 3 Ce que je retiens du débat

4 • À la suite du débat, j'exprime mon point de vue : jusqu'où peut aller la liberté d'expression ?

....

....

....

....

....

• Ai-je changé d'avis après le débat ? Pourquoi ?

....

....

....

Coup de pouce
- Je peux prendre appui sur des situations dans mon collège.

Auto-évaluation

J'ai compris comment exercer ma liberté d'expression de manière responsable.

☐ ☐ ☐

Je retiens Les libertés et les droits fondamentaux

A Les libertés et les droits de la personne et du citoyen

• En France, la **Déclaration des droits de l'homme et du citoyen** (1789) définit la liberté comme un « **droit** naturel et **imprescriptible** » pour tous, et lui fixe une limite, celle de ne pas porter atteinte à la liberté des autres.

• Les libertés sont **individuelles** (liberté de pensée, d'expression, de circulation). Le principe de **laïcité** garantit en France la liberté de conscience et de culte. Les libertés sont aussi **collectives** (liberté de réunion, d'**association**). Aux libertés ont été associés des **droits politiques** (droit de vote, liberté de choix entre plusieurs candidats) qui font de la personne un **citoyen**, et des **droits sociaux** qui offrent à tous des conditions de vie convenables (droit à l'éducation, à la protection de la santé).

B La conquête des libertés et des droits

• En France, les libertés et les droits ont été obtenus après de longs **combats**, par exemple le **suffrage universel masculin** (1848), le **droit de vote des femmes** (1944). Sous la **IIIe République** ont été votées des lois qui garantissent la **liberté de la presse** (1881), le droit de créer des **syndicats** (1884).

• Avec l'évolution de la société, de nouvelles libertés ont été reconnues : droit au **respect de la vie privée** (1970), droit d'**accès à internet** (2009) protégé par la **CNIL**, droit à un environnement équilibré (2004).

• Aujourd'hui, les **libertés** et les **droits** sont **garantis dans le monde** par la Déclaration universelle des droits de l'homme (1948), la Convention internationale sur les droits de l'enfant (1989) et, en Europe, par la Convention européenne des droits de l'homme (1950) et par la Charte des droits fondamentaux de l'Union européenne (2000).

Les mots importants

• **Association** : groupement de personnes qui s'unissent pour mener une action commune sans chercher à faire de profit.

• **Citoyen** : personne qui a le droit de participer à la vie politique de son pays.

• **CNIL (Commission nationale de l'informatique et des libertés)** : autorité administrative indépendante chargée de veiller au respect des libertés dans tous les usages de l'informatique.

• **Droit imprescriptible** : droit perpétuel, qui ne peut disparaître ni être aboli.

• **Syndicat** : association dont le but est de défendre des intérêts professionnels communs.

• **Vie privée** : son respect concerne la protection du domicile, le secret professionnel et médical, la protection de son image et de son intimité.

Les Valeurs de la République

▶ Liberté

Après 1789, les **libertés fondamentales** sont reconnues à tous les êtres humains. Des **limites** leur sont apportées pour permettre à chacun de les exercer dans le respect de celles des autres.

Je révise chez moi

Je connais l'essentiel

- ✔ **Quels textes fondamentaux garantissent les libertés et les droits ?** J'en souligne trois.
- ✔ **Que signifie avoir des libertés ?** J'encadre deux libertés individuelles et deux libertés collectives.

Je sais définir et utiliser dans une phrase

- ✔ **Conquête des droits du citoyen**
- ✔ **Droits sociaux**
- ✔ **Liberté d'expression**

Entraîne-toi à l'aide des exercices numériques !

EXO Exercices interactifs

Nathan live!

Exercices

1 Je vérifie mes connaissances

Dans chacun des encadrés, je coche la (ou les) bonnes réponse(s). À l'oral, je justifie mes choix.

a. Qu'est-ce que la liberté ?

- ❑ C'est être au-dessus des lois.
- ❑ C'est respecter la loi.
- ❑ C'est faire ce que l'on veut sans se préoccuper des autres.
- ❑ C'est agir en respectant la liberté des autres.

b. Dans quels textes les libertés sont-elles définies ?

- ❑ La Déclaration des droits de l'homme et du citoyen (1789).
- ❑ Le Code de la route.
- ❑ La Convention internationale sur les droits de l'enfant (1989).
- ❑ La Charte des droits fondamentaux de l'Union européenne (2000).

c. Quels droits et libertés sont reconnus depuis le XIXe siècle ?

- ❑ Le droit de vote des femmes.
- ❑ La liberté d'expression.
- ❑ La laïcité.
- ❑ Le droit à un environnement équilibré.

d. Qu'est-ce que la liberté individuelle ?

- ❑ Le droit de faire grève.
- ❑ Le droit au respect de la vie privée.
- ❑ Le droit à la protection de ses données personnelles.
- ❑ La liberté d'association.

2 Je nomme les libertés et les droits en France ainsi que les textes fondamentaux qui les garantissent

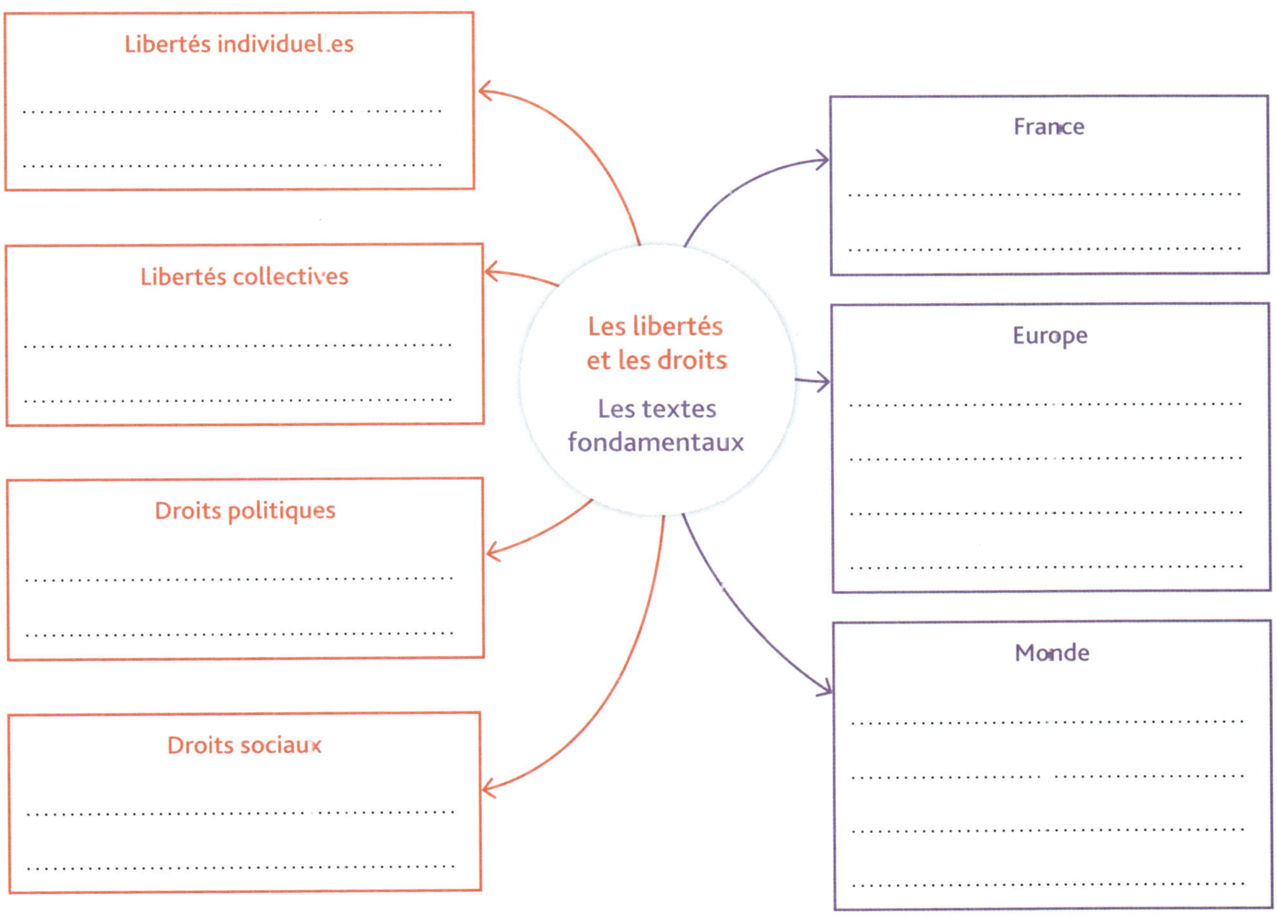

Repères 13 La laïcité, pour bien vivre ensemble

1 La France, une République laïque

« Les clés de la laïcité », France TV Éducation, 11 octobre 2021.

2 Ce que dit la loi

Art. 10. Nul ne doit être inquiété pour ses opinions, mêmes religieuses, pourvu que leur manifestation ne trouble pas l'ordre public établi par la loi.

Déclaration des droits de l'homme et du citoyen, 1789.

Art. 2. Les écoles primaires publiques vaqueront un jour par semaine, en outre du dimanche, afin de permettre aux parents de faire donner, s'ils le désirent, à leurs enfants, l'instruction religieuse, en dehors des édifices scolaires.

Loi Jules Ferry, 28 mars 1882.

Art. 1er. La République assure la liberté de conscience. Elle garantit le libre exercice des cultes sous les seules restrictions édictées ci-après dans l'intérêt de l'ordre public[1].

Art. 2. La République ne reconnaît […] ni ne subventionne aucun culte.

Loi de séparation des Églises et de l'État, 9 décembre 1905.

Art. 1er. La France est une République indivisible, laïque, démocratique et sociale. […] Elle respecte toutes les croyances.

Constitution de la Ve République, 1958.

Art. L. 141-5-1 *(ajouté par la loi du 15 mars 2004).* Dans les écoles, les collèges et les lycées publics, le port de signes ou tenues par lesquels les élèves manifestent ostensiblement[2] une appartenance religieuse est interdit.

Code de l'éducation, 2004.

La laïcité implique le rejet de toutes les violences et de toutes les discriminations, garantit l'égalité entre les filles et les garçons […].

Charte de la laïcité, 2013.

L'école laïque est l'école de la fraternité. Les enfants viennent y apprendre à s'estimer, à se respecter. Elle enseigne tout ce qui élève et unit les femmes et les hommes.

Règlement intérieur du collège Guy Môquet, Villejuif (Val-de-Marne), 2017.

1. Ensemble des règles que chacun doit respecter.
2. De manière très visible, avec l'intention d'être vu.

3 Libres de croire ou de ne pas croire

Affiche réalisée par les élèves de l'École Brassart de Tours, lauréats du Prix de la laïcité 2015.

Le savez-vous ?

- Dans l'**espace public**, les signes religieux sont autorisés et peuvent être portés, sauf s'ils dissimulent le visage.

Compétence

- Prendre conscience que la laïcité garantit la liberté de tous.

QUESTIONS

1 À l'aide de ce que je sais déjà, je définis la laïcité en proposant une liste de quelques mots.

....

....

2 **Doc 1 et 2.** À partir des informations des documents, j'indique en quelques mots ce que m'apprend chaque date de la frise au sujet de la laïcité en France.

1789
→ ....
....

1905
→ ....
....

2004
→ ....
....

1800 — 1850 — 1900 — 1950 — 2000

1882
→ ....
....
....

1958
→ ....
....
....

2013
→ ....
....
....

3 **Doc 1 à 3.** À l'aide des documents, je complète le schéma en donnant pour chaque pilier de la laïcité un exemple ou une explication.

LAÏCITÉ un principe de la République

Liberté
....
....
....
....
....

Égalité
....
....
....
....
....

Fraternité
....
....
....
....
....

Neutralité
....
....
....
....
....

Vocabulaire

- **Laïcité** : du grec ancien *laïkos* dérivé du mot *laos* « peuple uni autour de valeurs partagées ». Principe selon lequel l'État ne favorise aucune religion et garantit la liberté de conscience (pratiquer ou non une religion, exprimer ses convictions). La laïcité symbolise les valeurs de liberté, d'égalité et de fraternité. Elle implique que les signes d'appartenance religieuse soient discrets à l'école publique.

Auto-évaluation

J'ai compris que la laïcité permet de vivre libres et égaux.

☐ ☐ ☐

J'agis 14 La liberté individuelle

MA MISSION

À l'occasion de la Journée mondiale des droits de l'homme, je m'engage avec ma classe dans un concours d'éloquence. À partir des documents, je rédige un discours dans lequel j'explique ce qu'est la liberté individuelle et pourquoi elle doit être protégée.

1 Ce que dit la loi

Art. 1er. Les hommes naissent et demeurent libres et égaux en droits.

Art. 2. Le but de toute association politique est la conservation des droits naturels et imprescriptibles de l'homme. Ces droits sont la liberté, la propriété, la sûreté, et la résistance à l'oppression.

Déclaration des droits de l'homme et du citoyen, 1789.

Art. 2. Le droit de toute personne à la vie est protégé par la loi.

Art. 3. Nul ne peut être soumis à la torture ni à des peines ou traitements inhumains ou dégradants.

Art. 4. Nul ne peut être tenu en esclavage ni en servitude. Nul ne peut être astreint à accomplir un travail forcé ou obligatoire.

Art. 5. Toute personne a droit à la liberté et à la sûreté.

Convention européenne des droits de l'homme, 1950.

Art. 1er. La dignité humaine est inviolable. Elle doit être respectée et protégée.

Charte des droits fondamentaux de l'Union européenne 2000.

Art. 1er. L'informatique doit être au service de chaque citoyen. […] Elle ne doit porter atteinte ni à l'identité humaine, ni aux droits de l'homme, ni à la vie privée, ni aux libertés individuelles […].

Loi Informatique et libertés, 1978.

Repères

La lutte contre l'esclavage en France

- **2005 :** La Cour européenne des droits de l'homme condamne la France pour ne pas avoir suffisamment réprimé un cas d'esclavage domestique.
- **2010 :** Première condamnation par un tribunal français pour « traite d'être humain ».
- **2012 :** Deuxième condamnation de la France par la Cour européenne des droits de l'homme pour ne pas avoir mis en place les moyens de lutter contre l'esclavage et le travail forcé.
- **2013 :** Le Parlement français vote une loi créant le crime d'esclavage moderne et le délit de servitude et de travail forcé.

2 Le droit à la sûreté

Campagne pour les 60 ans de la Convention européenne des droits de l'homme, 2010. Cette affiche illustre l'article 5 de la Convention qui garantit, pour toute personne, le droit de ne pas être arrêtée (privée de liberté) en dehors des cas prévus par la loi.

3 Le droit à la protection des données personnelles

En décembre 2020, la Commission nationale de l'informatique et des libertés (CNIL) a condamné l'entreprise Google à payer deux amendes d'un montant total de 100 millions d'euros, car elle n'avait notamment pas respecté son obligation de recueillir le consentement des utilisateurs avant tout dépôt de cookies ou autres traceurs (article 82 de la loi Informatique et libertés, transposant la directive européenne ePrivacy de 2002). Google a saisi le Conseil d'État pour faire annuler cette sanction.

Le Conseil d'État confirme […] dans sa décision la compétence de la CNIL pour intervenir, ainsi que les constats qu'elle a faits : absence d'information claire et complète des utilisateurs, défaut de recueil préalable de leur consentement et mécanisme défaillant d'opposition aux cookies publicitaires. […]

Le Conseil d'État observe que le montant des amendes infligées par la CNIL n'excède pas la limite fixée par la loi Informatique et libertés. Et qu'au vu des bénéfices importants produits par les données collectées au moyen de cookies publicitaires, mais aussi de la position de Google en France (+ de 90 % de part de marché soit 47 millions d'utilisateurs environ), ces amendes ne sont pas disproportionnées.

conseil-etat.fr, 28 janvier 2022.

Compétence
- Connaître le fondement des valeurs de la République.

QUESTIONS

1 Doc 1. Je souligne les différents droits qui définissent la liberté individuelle.

2 Repères. • Je souligne par qui et pourquoi la France a été condamnée.
• J'explique pourquoi la France ne devrait plus, aujourd'hui, être condamnée pour cette atteinte.

....

....

3 Doc 1 à 3. Je choisis 4 droits et j'explique ce qu'ils signifient.

....

....

....

....

....

....

....

....

4 Doc 1 et 3. J'encadre le nom des textes qui garantissent les droits de la personne et je relève le nom des institutions qui établissent ou protègent ces droits.

....

....

J'ACCOMPLIS MA MISSION

À partir des informations relevées dans les documents, je rédige, avec ma classe, un discours en faveur de la liberté individuelle.
J'écris quelques phrases qui présentent nos arguments.

....

....

....

....

....

....

....

....

....

....

Méthode
- **J'établis une progression claire :**
  - j'annonce le sujet ;
  - je définis la liberté individuelle ;
  - j'associe la définition à des exemples concrets ;
  - j'explique comment la loi garantit et protège ces droits.
- Pendant la rédaction du discours, je choisis des phrases courtes et claires. À l'oral, je donne du rythme au texte en variant intonation et rythme.

Auto-évaluation

J'ai compris ce que sont les droits de la personne.

☐ ☐ ☐

J'enquête 15 La démocratie garantit les libertés

Que dois-je faire ? **Se réunir librement, s'associer pour défendre des idées, voter pour le candidat de son choix... Ces libertés, nous pouvons les exercer car nous vivons en démocratie. À l'aide des documents, j'explique comment la démocratie garantit les libertés.**

1 Ce que dit la loi

Art. 4. La liberté consiste à pouvoir faire tout ce qui ne nuit pas à autrui […].

Déclaration des droits de l'homme et du citoyen, 1789.

Préambule. Le peuple français proclame solennellement son attachement aux droits de l'homme et aux principes de la souveraineté nationale tels qu'ils ont été définis par la Déclaration de 1789, confirmée et complétée par le Préambule de la Constitution de 1946 […].

Art. 3. La souveraineté nationale appartient au peuple qui l'exerce par ses représentants […]. Le suffrage[1] […] est toujours universel, égal et secret. Sont électeurs, dans les conditions déterminées par la loi, tous les nationaux français majeurs des deux sexes […].

Art. 4. Les partis et groupements politiques concourent à l'expression du suffrage. Ils se forment et exercent leur activité librement. […]

Art. 71-1. Le Défenseur des droits veille au respect des droits et libertés […].

Constitution de la Vᵉ République, 1958.

1. Vote exprimé lors d'une élection.

Info

• Le **Défenseur des droits** est une autorité de l'État, nommé par le président de la République. Il est chargé de défendre les droits et les libertés de toutes les personnes, et de promouvoir l'égalité.

D
Défenseurdesdroits
République Française

Vocabulaire

• **Démocratie** : régime politique dans lequel le peuple exerce le pouvoir. Les opinions peuvent s'y exprimer librement et les gouvernants sont désignés par le peuple lors d'élections libres.

QUESTIONS

1 Doc 1. J'entoure le nom des textes de référence qui définissent et garantissent nos libertés.

2 Doc 1. En m'aidant de la phrase soulignée, je complète les propositions suivantes.
En démocratie, nos libertés politiques sont garanties car :

• chaque vote a la même valeur → le suffrage est ....

• tous les citoyens votent → le suffrage est ....

• chaque citoyen, par son vote, exprime ses opinions politiques librement sans subir de pression
→ le suffrage est ....

3 Doc 1 et Info. Je définis le rôle du Défenseur des droits.

....

....

....

Compétence
- Comprendre le lien entre démocratie et libertés.

2 La liberté de réunion

Le festival des Vieilles Charrues (Finistère), juillet 2016.

3 Le droit de vote, une liberté

Affiche, juin 2017.

QUESTIONS

4 Doc 1 à 3. Je complète le tableau en indiquant le thème du document, puis en nommant la liberté concernée et le texte de loi qui la garantit.

Quelle liberté ?	Comment est-elle garantie ?
Doc 2 :	Doc 1 : ....
Doc 3 :	Doc 1 : ....

Ce que j'ai appris Je rédige quelques phrases qui expliquent comment, dans une démocratie, les libertés peuvent s'exercer et sont protégées.

....
....
....
....
....
....
....
....
....

Auto-évaluation

Je sais expliquer comment la démocratie garantit les libertés.

☐ ☐ ☐

Débattre 16 Renforcer la sécurité, est-ce porter atteinte aux libertés ?

1 La loi renforçant la sécurité intérieure et la lutte contre le terrorisme (18 octobre 2017)

• Fermeture des lieux de culte
Facilitée en cas de soutien au terrorisme.

• Visites et saisies
Perquisitions, sur autorisation du juge, au domicile d'une personne représentant une menace terroriste. Saisies de documents et de données.

• Périmètres de protection
Pour tout évènement présentant un risque d'attaque terroriste, inspection des bagages et palpation des participants.

• Voyages internationaux surveillés
Fourniture aux autorités par les compagnies aériennes et maritimes des données sur les passagers.

• Surveillance individuelle
Interdiction de changer de résidence pour toute personne en contact avec des organisations terroristes.

• Contrôle aux frontières
Contrôles élargis à une zone de vingt kilomètres le long des frontières intérieures, ainsi que dans les ports, aéroports et gares internationales.

Nouveaux pouvoirs du préfet — Pouvoirs du ministère de l'Intérieur

Repères

• 2010 :
Loi interdisant de porter une tenue dissimulant le visage dans l'espace public : la République se vit à visage découvert.

• 2015 :
– À la suite des attentats, plan gouvernemental Vigipirate élevé au niveau « Alerte attentat ».
– Mise en place de l'état d'urgence : mesures administratives exceptionnelles de limitation des libertés, sans accord demandé à l'autorité judiciaire.
– Loi sur le renseignement qui accroît les pouvoirs des services de renseignement.

• 2017 :
Loi renforçant la sécurité intérieure et la lutte contre le terrorisme. Elle met fin à l'état d'urgence.

2 Un dessin de presse sur la loi du 18 octobre 2017

Dessin de Cambon, 12 octobre 2017.
1 « Cellule de soutien psychologique ».

3 Points de vue de citoyens

Maintenant, en France, il y a des militaires partout. On est vraiment surveillés !

Si, pour défendre notre démocratie et nos valeurs, il faut plus de sécurité, je suis pour !

C'est le rôle de l'État d'assurer la sécurité des habitants.

À cause de cette loi, on va tous être contrôlés, c'est la fin des libertés !

Il faut cibler la sécurité, en coopérant avec la justice, la police, le préfet.

Vocabulaire

• **Sécurité** : mesures décidées par l'État pour protéger la société contre les menaces et les agressions qui porteraient atteinte à la liberté de chacun, au quotidien.

Compétences
- Exercer son esprit critique.
- Exprimer son opinion et respecter celle des autres.

ÉTAPE 1 J'analyse le thème du débat

1 Je relève les éléments qui montrent un renforcement de la sécurité en France.

....

....

....

2 **Doc 2.** J'analyse le message du dessin de presse : le dessinateur est-il favorable ou défavorable au renforcement de la sécurité ? Je justifie mon choix.

....

....

....

ÉTAPE 2 Je participe au débat en classe

3 **Renforcer la sécurité en France, est-ce porter atteinte aux libertés ?**

a. **Avant le débat :** dans le tableau, j'écris mes arguments en prenant appui sur les documents.

b. **Pendant le débat :** je note les arguments des autres élèves.

c. **Après le débat :** j'entoure les arguments avec lesquels je suis d'accord.

	Les mesures qui renforcent la sécurité…	
	… protègent nos libertés	**… portent atteinte à nos libertés**
Mes arguments	....	....
Les arguments des autres élèves	....	....

ÉTAPE 3 Ce que je retiens du débat

4 À la suite du débat, j'exprime mon point de vue : dans le cadre du renforcement de la sécurité, mes libertés sont-elles diminuées ? Ai-je changé d'avis après le débat ? Pourquoi ?

....

....

....

Auto-évaluation

J'ai compris que les libertés et la sécurité peuvent entrer en tension.

☐ ☐ ☐

Je retiens L'exercice des libertés et des droits en France

A La démocratie, garante des libertés et des droits

• Les **libertés** et les **droits** sont inscrits dans la **Constitution** (liberté individuelle, d'expression, d'association, droits politiques, droits sociaux). Par exemple, les **médias** sont libres : ils publient et diffusent sans autorisation préalable. Les **citoyens** participent aux **décisions politiques** par l'intermédiaire de leurs représentants qu'ils ont élus librement. Depuis la loi de séparation des Églises et de l'État (1905), la **République est laïque**.

• La **sécurité** est un **droit**. L'État a le devoir de **protéger les personnes et les biens** par l'intermédiaire de la **force publique** (police nationale, gendarmerie), en luttant contre la délinquance et le terrorisme. Face aux **menaces, l'État** a mis en place le plan Vigipirate, et a **renforcé la sécurité** par la loi renforçant la sécurité intérieure et la lutte contre le terrorisme (2017). Il a aussi instauré des mesures de veille et de sécurité sanitaire face à la pandémie de Covid-19 (confinement, port du masque, pass sanitaire, vaccinal...).

B Des limites aux libertés, au nom de l'intérêt général

• La loi a prévu des sanctions en cas d'**atteinte à la liberté** d'autrui. Elle punit la **diffamation**, l'atteinte à la **liberté individuelle** par des pratiques d'esclavage, les troubles à **l'ordre public**. Elle impose des **règles à la liberté de circulation**.

• Aujourd'hui, le **numérique** est partout et peut porter atteinte au **droit au respect de la vie privée**. C'est le cas des technologies comme la **vidéosurveillance**, pour sécuriser certains lieux, ou celui du traitement des **données personnelles**, protégé par la **loi Informatique et libertés**.

Les mots importants

• **Démocratie** : régime politique dans lequel le peuple exerce le pouvoir. Les opinions peuvent s'y exprimer librement et les gouvernants sont désignés par le peuple lors d'élections libres.

• **Diffamation** : paroles ou écrits sans preuves, qui portent atteinte à la réputation de quelqu'un.

• **Données personnelles** : toute information relative à une personne identifiée (ex. : nom, prénom...), ou identifiable par un numéro (ex. : n° de Sécurité sociale) ou des éléments qui lui sont propres (ex. : photo du visage, adresse électronique, géolocalisation...).

• **Ordre public** : ensemble des règles que chacun doit respecter.

• **Sécurité** : mesures décidées par l'État pour protéger la société contre les menaces et les agressions qui porteraient atteinte à la liberté de chacun, au quotidien.

Les Valeurs de la République

▶ **Laïcité**

Principe selon lequel l'État ne favorise aucune religion et garantit à tous la **liberté de conscience** (pratiquer ou non une religion, exprimer ses convictions religieuses, philosophiques...). La laïcité, c'est donc la **liberté** et l'**égalité**. C'est aussi la **fraternité** car elle reconnaît et respecte les différences culturelles et combat les discriminations, permettant à tous de bien vivre ensemble.

Je révise chez moi

Je connais l'essentiel

- ✔ **Quels droits et libertés sont protégés par la loi ?** Je les souligne en rouge.
- ✔ **Quelles atteintes aux droits et libertés sont punies par la loi ?** Je les souligne en bleu.
- ✔ **Comment notre sécurité et notre vie privée peuvent-elles être protégées ?** J'entoure deux lois.

Je sais définir et utiliser dans une phrase

- ✔ **Les libertés et le numérique**
- ✔ **Les limites aux libertés**
- ✔ **La démocratie**

Entraîne-toi à l'aide des exercices numériques !

EXO Exercices interactifs

Exercices

1 Je sais expliquer les fondements des libertés

Je coche les propositions qui sont vraies.

a. **La sécurité**
- ❑ est un devoir.
- ❑ garantit les libertés.
- ❑ peut limiter les libertés.

b. **Les libertés et les droits sont garantis par**
- ❑ la Constitution.
- ❑ la Convention européenne des droits de l'homme.
- ❑ le code de la route.

c. **Les libertés sont protégées par**
- ❑ la justice.
- ❑ la police.
- ❑ le gouvernement.

d. **Les libertés sont limitées**
- ❑ par la loi.
- ❑ dans l'intérêt de chacun.
- ❑ pour garantir l'égalité.

e. **La laïcité, c'est**
- ❑ la séparation des Églises et de l'État.
- ❑ la liberté d'expression.
- ❑ l'égalité entre les personnes.

2 Je sais identifier les libertés et les droits de la personne

Je relie chaque droit ou liberté à la situation qui lui correspond.

Les citoyens participent aux décisions politiques. •	• Droit à la vie privée
La République est laïque. •	• Droit à la sécurité
L'esclavage est interdit. •	• Liberté de conscience
Les médias paraissent sans autorisation. •	• Liberté d'expression
On ne peut être filmé à son insu. •	• Droit à la dignité
L'État a mis en place le plan Vigipirate. •	• Droit de vote.

3 Je sais appliquer la loi qui garantit les libertés et les droits

Pour chacune de ces situations de non-droit, j'indique quelle loi j'appliquerais.

a. Percevoir un salaire de 250 € par mois pour 15 heures de travail par jour.

....

....

b. Être obligé(e) de montrer son bulletin de vote avant de voter.

....

c. Diffuser les données personnelles d'une personne sur les réseaux sociaux.

....

VERS LE BREVET

SUJET GUIDÉ

Situation pratique — L'exercice des libertés en France

1 Le droit au respect de la vie privée

Le robot « I-QUE » et la poupée « My Friend Cayla » sont des jouets dits « connectés », produits par la société Genesis Industries Limited basée à Hong-Kong.

Ces jouets répondent aux questions posées par les enfants sur divers sujets. Équipés d'un microphone et d'un haut-parleur, ils sont associés à une application mobile téléchargeable sur téléphone mobile ou sur tablette. La réponse est extraite d'internet et donnée à l'enfant par l'intermédiaire des jouets. […]

Alertée sur le défaut de sécurité des deux jouets, la Présidente de la CNIL[1] a décidé de réaliser des contrôles. Ils ont relevé que la société collecte une multitude d'informations personnelles sur les enfants et leur entourage : les voix, le contenu des conversations échangées avec les jouets. Une personne située à 9 mètres des jouets, à l'extérieur d'un bâtiment, peut connecter un téléphone mobile aux jouets sans avoir à s'authentifier. Elle peut entendre et enregistrer, à leur insu, les paroles échangées entre l'enfant et le jouet et avec son entourage. […]

La Présidente a considéré que l'absence de sécurisation des jouets est contraire à l'article 1er de la loi Informatique et libertés […]. Elle a mis en demeure la société […], qui doit se conformer à la loi Informatique et libertés dans un délai de deux mois. Sinon, elle prononcera une sanction.

D'après cnil.fr, 4 décembre 2017.

1. Commission nationale de l'informatique et des libertés.

1 Quelle est la nature du texte ? D'où provient-il ?

2 Informations qui expliquent la situation évoquée dans le texte.

3 Quel est le problème posé par cette situation ? Appuyez-vous sur le document 2 pour trouver des arguments.

2 Ce que dit la loi

Art. 1er. L'informatique doit être au service de chaque citoyen. […] Elle ne doit porter atteinte ni à l'identité humaine, ni aux droits de l'homme, ni à la vie privée, ni aux libertés individuelles […].

Loi Informatique et libertés, 1978.

MÉTHODE

Analyser et comprendre un texte

1 Découvrir le texte : « ce que j'observe »
- Lisez et présentez le texte. → voir encadré 1

2 Identifier le texte et son point de vue : « ce que je lis »
- Repérez la situation. → voir encadré 2
- Caractérisez les acteurs.
- Identifiez le point de vue.

3 Extraire des informations du texte : « ce que je choisis »
- Dégagez l'idée générale du texte et les informations qui l'expliquent. → voir encadré 3

4 Interpréter et critiquer le texte : « ce que j'en déduis »
- Expliquez le message du texte et donnez votre point de vue.
- Mettez-le en lien avec ce que vous savez sur la protection des données personnelles et le droit à la vie privée.

QUESTIONS

1 Doc 1. Résumez en une phrase le problème posé par ces jouets connectés.

....

....

....

2 Doc 1. Relevez les informations qui montrent que la connexion à internet de ces jouets porte atteinte à la vie privée.

....

....

....

....

....

3 Doc 1 et 2. Expliquez pourquoi, en France, ce défaut informatique n'est pas recevable.

....

....

....

....

....

4 Doc 1 et 2. Définissez et justifiez l'intervention de la CNIL face à cette situation.

....

....

....

....

....

5 Vous êtes délégué(e)-élève, et dans le cadre d'une séance de formation des délégué(e)s, il vous est demandé de rédiger un court texte qui informera les élèves du collège sur les atteintes possibles à leur vie privée lors de leur usage d'objets connectés, et les bons gestes à adopter pour s'en prémunir.

....

....

....

....

....

....

....

....

....

ON EN DISCUTE

17 Le droit, la justice, qu'est-ce que ça veut dire ?

Pour commencer

Le Loup et l'Agneau

La raison du plus fort est toujours la meilleure :
Nous l'allons montrer tout à l'heure.
Un Agneau se désaltérait
Dans le courant d'une onde pure.
Un Loup survient à jeun qui cherchait aventure,
Et que la faim en ces lieux attirait.
« Qui te rend si hardi de troubler mon breuvage ?
Dit cet animal plein de rage :
Tu seras châtié de ta témérité.
— Sire, répond l'Agneau, que votre Majesté
Ne se mette pas en colère ;
Mais plutôt qu'elle considère
Que je me vas désaltérant
Dans le courant,
Plus de vingt pas au-dessous d'Elle,
Et que par conséquent, en aucune façon,
Je ne puis troubler sa boisson.
— Tu la troubles, reprit cette bête cruelle,
Et je sais que de moi tu médis l'an passé.
— Comment l'aurais-je fait si je n'étais pas né ?
— Si ce n'est toi, c'est donc ton frère.
— Je n'en ai point. — C'est donc quelqu'un des tiens :
Car vous ne m'épargnez guère,
Vous, vos bergers, et vos chiens.
On me l'a dit : il faut que je me venge. »
Là-dessus, au fond des forêts
Le Loup l'emporte, et puis le mange,
Sans autre forme de procès.

Jean de La Fontaine, *Fables*, Livre 1, fable 10, 1668.

1 NOS PREMIÈRES RÉACTIONS

Nos émotions face à cette fable. Pourquoi ?

Mes émotions

....

....

....

....

Les émotions des autres

....

....

....

....

Coup de pouce
- Aidez-vous de la roue des émotions p. 4.

Nous dialoguons pour dire pourquoi nous ressentons ces émotions.

→ Je rédige quelques phrases qui expliquent les émotions que nous avons ressenties.

....

....

Coup de pouce
- Que dit le dictionnaire au sujet des mots « droit » et « justice » ?
- Quelles relations y a-t-il entre ces deux mots ?

Nous discutons à deux, en groupes ou en classe entière.

→ Nous réfléchissons autour du mot « **droit** » et autour du mot « **justice** ».
Que veulent dire ces mots dans la vie en société ?

....

....

....

Compétence
- Confronter ses jugements à ceux d'autrui.

2 NOS ARGUMENTS

« Le droit, la justice, qu'est-ce que ça veut dire ? »

1. à l'oral **La fable *Le Loup et l'Agneau* correspond-elle à une situation conforme au droit et à la justice ?**

→ Les arguments avancés par le loup et l'agneau sont-ils recevables ? ❑ Oui ❑ Non

→ L'issue du conflit entre le loup et l'agneau est-elle juste ? ❑ Oui ❑ Non

→ « La raison du plus fort » est-elle « toujours la meilleure » ? ❑ Oui ❑ Non

2. Aujourd'hui en France, un conflit analogue à celui du loup et de l'agneau se règlerait-il de la même manière ?

....

....

....

Coup de pouce
- Je réponds de manière argumentée aux questions posées.
- J'utilise les mots : **droit(s), loi(s), justice, juge, procès, victime, coupable, équité**...

Bilan de la discussion

En groupe, nous préparons une courte plaidoirie : pourquoi régler un conflit par la loi du plus fort n'est pas acceptable ? Comment régler un conflit par le droit et la justice, au nom de l'équité ?

→ J'écris quelques phrases qui présentent nos arguments : contre la loi du plus fort / pour le droit et la justice.

....

....

....

....

....

....

....

....

....

....

....

....

....

Coup de pouce
- Je m'appuie sur la fable en personnifiant le loup et l'agneau, et en situant leur conflit aujourd'hui, en France.

Top chrono ! En 3 minutes, un membre du groupe expose nos arguments avec conviction.

Auto-évaluation

J'ai su faire preuve de réflexion critique.

☐ ☐ ☐

J'agis 18

Le droit dans la vie quotidienne

MA MISSION

Chaque jour, dans la vie de tous, le droit est partout. À l'aide des informations relevées dans les documents et de votre vie au collège et hors du collège, vous réalisez une infographie qui montre comment et pourquoi le droit est présent dans la vie de tous les jours.

1 Le droit, à chaque instant, à tous les coins de rue !

2 Ce que dit la loi

Art. R415-11. Tout conducteur est tenu de céder le passage aux piétons régulièrement engagés dans la traversée d'une chaussée […].

Code de la route.

Art. L.211-22. Les maires prennent toutes dispositions propres à empêcher la divagation des chiens et des chats. Ils peuvent ordonner que ces animaux soient tenus en laisse et que les chiens soient muselés[1] […].

Code rural.

1. La violation de cet arrêté est sanctionnée par une contravention de 38 euros, ou de 150 euros si l'animal présente un danger pour les personnes (code pénal).

Art. 311-1. Le vol est la soustraction frauduleuse de la chose d'autrui.

Art. 311-3. Le vol est puni de trois ans d'emprisonnement et de 45 000 euros d'amende.

Code pénal.

Art. R1334-31. Aucun bruit particulier ne doit, par sa durée, sa répétition ou son intensité, porter atteinte à la tranquillité du voisinage ou à la santé de l'homme, dans un lieu public ou privé […].

Code de la santé publique.

Art. L113-3. Tout vendeur de produit […] doit, par voie de marquage, d'étiquetage, d'affichage […] informer le consommateur sur les prix [...].

Code de la consommation.

Compétences
- Respecter les règles communes.
- Comprendre les raisons du respect de la loi.

QUESTIONS

1 Doc 1. Je numérote sur le dessin les situations de non-droit qui portent atteinte aux personnes.

2 Doc 1 et 2. Je complète le tableau ci-dessous en nommant, pour chaque situation de non-droit, le code de lois qui la concerne. J'explique par un argument la nécessité du droit.

Situation	Code	La nécessité du droit : argument
n°...	....	....
n°...	....	....
n°...	....	....
n°...	....	....
n°...	....	....

3 Doc 1. Sur le dessin, j'entoure les situations où, selon moi, le droit est respecté.

Le savez-vous ?

- En France, il existe plus de **70 codes de lois**. Par exemple : code civil, code de la route, code de l'éducation, code électoral…

J'ACCOMPLIS MA MISSION

Je réalise mon infographie à partir des documents et de ma vie de tous les jours : comment et pourquoi le droit ?

Le droit est partout — **Le droit est nécessaire**

Le droit dans la vie quotidienne

- ....
- ....
- Au collège, le règlement intérieur

- ....
- ....
- ....

- Contre la loi du plus fort
- ....
- ....

Coup de pouce

- Je consulte le site initiadroit.com qui présente des situations de la vie courante réglées par le droit.

Auto-évaluation

J'ai pris conscience de la nécessité de respecter le droit.

☐ ☐ ☐

Débattre 19 Le droit permet-il de protéger l'animal ?

1 Ce que dit la loi

Art. 515-14. Les animaux sont des êtres vivants doués de sensibilité[1]. Sous réserve des lois qui les protègent, les animaux sont soumis au régime des biens.

Code civil.

1. Ajout en 2015.

Art. 521-1. Le fait, publiquement ou non, d'exercer des sévices graves, […] ou de commettre un acte de cruauté envers un animal domestique, ou apprivoisé, ou tenu en captivité, est puni de deux ans d'emprisonnement et de 30 000 € d'amende. […]

Les dispositions du présent article ne sont pas applicables aux courses de taureaux lorsqu'une tradition locale ininterrompue[1] peut être invoquée.

Elles ne sont pas non plus applicables aux combats de coqs dans les localités où une tradition ininterrompue[2] peut être établie. […]

Est également puni des mêmes peines l'abandon d'un animal domestique, apprivoisé ou tenu en captivité.

Code pénal.

1. Provence, Occitanie, Aquitaine.
2. Nord-Pas-de-Calais.

Vidéo Zoom sur le bien-être animal

2 Animaux sauvages des cirques : un sujet qui divise

« Cela va fragiliser économiquement énormément de familles qui vivent de ce métier sans solutions alternatives. »

Frédéric Edelstein, dompteur français de fauves et directeur du cirque Pinder.

« Nos parents nous ont appris à donner tout notre cœur dans notre métier et à aimer nos animaux, contrairement à ce que certains pensent. »

Joella, directrice du cirque familial Achille Zavatta.

« Est-ce plus cruel d'avoir un gros chien en captivité à Paris dans un appartement que des lions dans un cirque ? Je ne sais pas répondre. »

Marc, un passant.

- **71 % des sondés** pensent que les besoins biologiques des animaux sauvages ne sont pas respectés dans les cirques.
- **75 %** expriment leur désaccord quant à la compatibilité des transports fréquents avec le rythme de vie et les comportements naturels des animaux sauvages.
- **56 %** souhaitent une évolution des spectacles présentés par les cirques.
- **26 %** pensent qu'il s'agit d'une tradition désuète à l'avenir incertain.
- **49 %** des personnes interrogées pensent que les animaux sauvages dans les cirques ne sont pas bien traités et **49 %** pensent le contraire.

Sondage OpinionWay, octobre 2019.

3 Les principales mesures de la loi du 30 novembre 2021

Lien Les Français et le bien-être des animaux, sondage Ifop, 2021

Loi visant à lutter contre la maltraitance animale et conforter le lien entre les animaux et les hommes

• Interdire d'ici 2024 la vente de chiens et chats en animalerie.

• Sanctionner plus lourdement la maltraitance d'animaux domestiques. Donner volontairement la mort à un animal domestique ou apprivoisé devient un délit, sauf si cet acte relève d'une tradition locale comme la tauromachie.

• Mettre fin aux spectacles de dauphins ou d'orques à partir de 2026 ainsi qu'à leur détention et reproduction en captivité, sauf dans le cadre de programmes de recherches scientifiques ou dans des « refuges ou sanctuaires pour animaux sauvages captifs ».

• Interdire d'ici 2028 la détention et le spectacle d'animaux sauvages dans les cirques itinérants.

Les associations de défense des animaux saluent les progrès de cette loi mais déplorent le manque de mesures en faveur des animaux d'élevage, et des animaux sauvages en liberté visés par la chasse.

D'après vie-publique.fr, 7 février 2022.

Info

La Déclaration de Toulon

Lors d'un colloque sur la personnalité juridique de l'animal à l'université de Toulon en mars 2019, les juristes et universitaires présents ont proposé de reconnaître la qualité de personne aux animaux, car ils possèdent une conscience : « Les animaux doivent être considérés de manière universelle comme des personnes et non des choses. »

Compétences
- S'informer de manière rigoureuse.
- Faire preuve de réflexion critique.

ÉTAPE 1 J'analyse le thème du débat

1 **Doc 1 et 3.** En quelques phrases, je définis l'animal, selon la loi : ce qu'il est, ce qu'il n'est pas.

2 **Doc 1 à 3.** *à l'oral* Je présente les différents points de vue exprimés dans les documents au sujet du bien-être des animaux, et je les compare avec la loi.

ÉTAPE 2 Je participe au débat en classe

3 **Le droit permet-il de protéger l'animal ?**

a. **Avant le débat :** j'écris mes arguments dans le tableau.

b. **Pendant le débat :** je note les arguments des autres élèves.

c. **Après le débat :** j'entoure les arguments avec lesquels je suis d'accord.

	Le droit protège l'animal	Le droit ne protège pas suffisamment l'animal
Mes arguments		
Les arguments des autres élèves		

ÉTAPE 3 Ce que je retiens du débat

4 • À la suite du débat, j'exprime mon point de vue : le droit permet-il de protéger l'animal ?

• Ai-je changé d'avis après le débat ? Pourquoi ?

Coup de pouce

• Je peux prendre appui sur des situations dans mon environnement ou diffusées par les médias.

Auto-évaluation

J'ai su défendre mes jugements de manière responsable.

Je retiens Le droit en France

A Le droit, une nécessité pour vivre en société

• Le **droit** désigne l'ensemble des **règles écrites** qui s'imposent à tous dans les **relations entre les personnes**. Dans la **vie quotidienne**, nous y sommes constamment confrontés : entre conjoints, entre parents et enfants, entre employeurs et employés, sur la route, lors d'un achat, entre élèves… Le droit est visible par des **documents officiels** (carte nationale d'identité par exemple) ou par des **panneaux de signalisation**.

• Le droit garantit les **libertés** et les **droits**. Il crée aussi des **obligations** : respecter le code de la route, le règlement intérieur du collège, réparer le dommage causé à autrui, payer ses impôts… Pour résoudre les conflits, le **juge**, lors de procès, **dit le droit en appliquant la loi**. Par le droit, la société a renoncé à la loi du plus fort.

B Le droit, des règles établies par l'État

• Depuis la Révolution française, la **loi** est la principale **source du droit**. Elle est l'**expression de la volonté générale**, votée **démocratiquement** par le **Parlement**, à la suite d'un débat public. C'est pourquoi nous devons tous la respecter. Elle doit être conforme à la **Constitution** de la Vᵉ République. Il existe d'autres règles de droit : les **conventions internationales**, les **règlements**…

• La **France** fait partie de l'**Union européenne** qui impose des **règlements** et **directives** aux États membres. Le **droit européen** fait donc partie de notre vie quotidienne : **monnaie unique** (l'euro), **normes européennes** pour la sécurité et la santé (marchandises et produits alimentaires, sécurité routière, environnement…).

Les mots importants

• **Constitution** : loi suprême de la République.

• **Droit** : ensemble de règles qui définissent l'organisation de la vie en société.

• **Droit européen** : règles de l'Union européenne transposées par chaque État membre (**directive**), ou qui s'y appliquent directement (**règlement**).

• **Loi** : règle votée par le Parlement que doivent respecter tous les habitants d'un pays. Elle est inscrite dans des codes (pénal, civil, de la route, de l'éducation…).

• **Obligation** : ce que l'on doit faire ou ne pas faire, en application des lois.

Les Valeurs de la République

▶ Démocratie

La démocratie est un **régime politique** dans lequel la **souveraineté** appartient au **peuple**. C'est le « gouvernement du peuple, par le peuple, pour le peuple » (article 2 de la Constitution de la Vᵉ République, 1958).

La démocratie, c'est renoncer à utiliser la force pour défendre ses idées dans la société.

Je révise chez moi

Je connais l'essentiel

- ✔ **Comment définir le droit ?** J'entoure les mots qui correspondent aux règles de droit.
- ✔ **Qui est concerné par le droit ?** Je souligne en vert cinq catégories de personnes.
- ✔ **Le droit nous protège et nous impose des obligations : comment ?** J'encadre des exemples qui illustrent ces affirmations.

Je sais définir et utiliser dans une phrase

- ✔ **Le juge et le droit**
- ✔ **La loi, expression de la volonté générale**
- ✔ **Le droit européen**

Entraîne-toi à l'aide des exercices numériques !

EXO Exercices interactifs

Exercices

1 Je sais reconnaître les éléments qui définissent le droit en France

Je coche la ou les affirmations qui défini(ssen)t le droit en France et je justifie mes choix en relevant les informations qui me permettent de répondre page 54.

a. Le droit, c'est :
- ❑ avoir tous les droits.
- ❑ n'avoir que des devoirs.
- ❑ avoir des droits et des obligations.

b. Le droit concerne :
- ❑ la société.
- ❑ les juges.
- ❑ les animaux.

c. Le droit s'applique au nom :
- ❑ des lois.
- ❑ de règles fixées par chacun.
- ❑ de la Déclaration des droits de l'homme et du citoyen.

d. Le droit impose :
- ❑ le respect du droit européen.
- ❑ l'application des lois des États européens.
- ❑ le respect de la loi par tous.

2 Je mets en relation des règles de droit et les principes du droit

À côté de chaque extrait de règle de droit, j'indique le ou les principes du droit au(x)quel(s) il se rapporte.

A Le droit autorise | **B Le droit protège** | **C Le droit punit**

☐ **Art. 4.** La liberté consiste à faire tout ce qui ne nuit pas à autrui. …
Déclaration des droits de l'homme et du citoyen, 1789.

☐ La nation garantit l'égal accès de l'enfant à l'instruction.
Préambule de la Constitution de 1946.

☐ **Art. 222-33-2-2.** Le fait de harceler autrui par des propos par des propos ou comportements répétés ayant pour effet une dégradation de ses conditions de vie […] est puni d'un an d'emprisonnement et de 15 000 euros d'amende […].
Code pénal.

☐ **Art. 1er.** Toute personne a le droit de vivre dans un environnement équilibré, respectueux de sa santé.
Charte de l'environnement

☐ **Art. 1er.** La loi favorise l'égal accès des hommes et des femmes aux mandats électoraux et fonctions électives.
Constitution de la Ve République, 1958.

☐ ☐ **Art. 32.** Le travail des enfants est interdit.
Charte des droits fondamentaux de l'Union européenne, 2000.

☐ **Art. R234-1.** Est puni d'amende le fait de conduire un véhicule sous l'emprise d'un état alcoolique caractérisé.
Code de la route.

☐ ☐ **Art. 11.** La libre communication des pensées et des opinions est un des droits les plus précieux de l'homme : tout citoyen peut donc parler, écrire, imprimer librement, sauf à répondre de l'abus de cette liberté […].
Déclaration des droits de l'homme et du citoyen, 1789.

Repères 20

Le fonctionnement de la justice en France

1 Les différentes juridictions

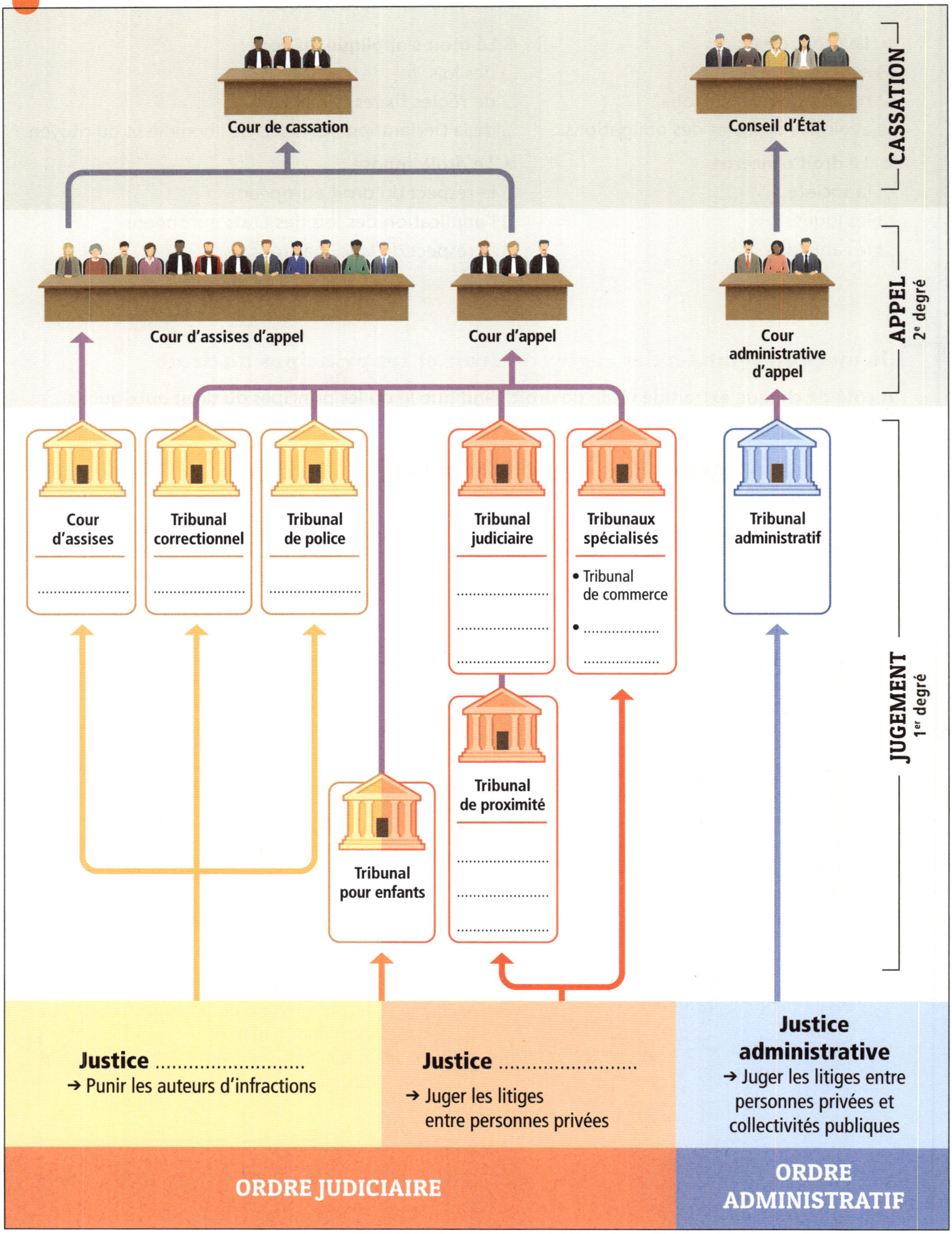

Compétence
- Comprendre le fonctionnement de la justice en France.

2 L'organisation de la justice

Depuis la Révolution française, la justice veille au respect des lois et garantit les droits du justiciable. Elle est rendue au nom du peuple français.

Quand une affaire est jugée pour la première fois, c'est une juridiction du 1er degré qui est saisie. Le juge examine les faits et applique la loi.

Les tribunaux diffèrent en fonction de la nature de l'affaire jugée.

La justice civile juge les litiges entre personnes privées : tribunal de proximité (petits litiges inférieurs à 10 000 euros) ; tribunal judiciaire (litiges supérieurs à 10 000 euros, identité des personnes, droit de la famille.)

La justice pénale punit les attaques aux personnes et aux biens : tribunal de police, tribunal correctionnel, cour d'assises.

La justice des mineurs dépend du tribunal pour enfants.

Certaines affaires sont examinées par des tribunaux spécialisés (conseil de prud'hommes pour les conflits du travail…).

La justice administrative intervient dans les conflits entre personnes privées et personnes ou collectivités publiques.

Une affaire peut être jugée une deuxième fois, en cour d'appel, si le justiciable n'est pas d'accord avec la décision rendue en première instance.

En dernier recours, la cour de cassation peut vérifier que la loi a été correctement appliquée.

Mise à jour d'un article de Justirama, « L'organisation de la justice en France », 2022.

QUESTIONS

1 Doc 2. Dans le texte, je surligne de couleurs différentes :
- les types de justice ;
- les juridictions où sont rendues les décisions de justice ;
- ce que respecte la justice.

2 Doc 1 et 2. • À l'aide du document 2 et du vocabulaire, je complète le schéma.
- J'encadre en bleu les juridictions du 1er degré ; en vert, celles du 2e degré.
- Je souligne en vert les juridictions civiles et en noir, les juridictions pénales.

3 Doc 1 et 2. Je nomme la juridiction compétente pour juger les affaires suivantes :

a. Léa conteste le jugement de son divorce car il accorde la garde des enfants à son ex-mari.	………………………………………… …………………………………………
b. Océane, élève de 4e, a harcelé un garçon de sa classe sur les réseaux sociaux.	………………………………………… …………………………………………
c. Julien, qui circulait à trottinette, est passé au feu rouge et a été arrêté par la police.	………………………………………… …………………………………………
d. Caroline apprend qu'une partie de son jardin va être expropriée, sur décision du maire, afin d'élargir une rue de la commune.	………………………………………… …………………………………………
e. Guillaume, cadre commercial, a détourné de l'argent de son entreprise, qui a porté plainte.	………………………………………… …………………………………………
f. Romain a été licencié en raison d'une faute professionnelle, injustifiée selon lui.	………………………………………… …………………………………………

4 Doc 1 et 2. Je relève quelques principes de la justice.

……………………………………………………………………………………………

……………………………………………………

Vocabulaire

- **Infraction** : acte, parole, comportement punis par la loi (du moins grave au plus grave : contravention, délit, crime).
- **Litige** : désaccord sur un fait ou un droit donnant lieu à un arbitrage ou à un procès.

Auto-évaluation

Je sais définir la fonction des différents tribunaux en France.

☐ ☐ ☐

J'enquête 21

Le rôle de la justice en France

Que dois-je faire ?

On dit que la justice en France « protège, punit, répare ».
Sous la forme d'une carte mentale, je justifie cette affirmation à l'aide des informations des documents.

1 Protéger

Le 116 006 permet aux victimes de bénéficier d'informations et d'une écoute par des professionnels.

2 Punir

Onze personnes ont été jugées par le tribunal correctionnel de Toulouse pour s'être procuré un faux pass sanitaire. Elles ont été condamnées à des peines allant du stage de citoyenneté à deux mois de prison avec sursis[1]. La justice les a obligées à régler des amendes entre 300 et 1 000 euros. [...]

Parmi les prévenus, un jeune employé d'une chaîne de restauration rapide [...] également poursuivi pour la mise en danger de la vie d'autrui pour avoir continué d'exercer son métier de restaurateur alors qu'il n'avait pas reçu le vaccin. Même chose pour un autre prévenu, kinésithérapeute.

D'après ladepeche.fr, 24 novembre 2021.

1. La peine avec sursis sera mise à exécution seulement si le condamné commet une nouvelle infraction.

Vocabulaire

- **Justiciable** : toute personne impliquée dans une situation relevant de la justice.

QUESTIONS

1 **Doc 1.** J'explique le rôle de la justice face aux victimes.

....

....

....

2 **Doc 2.** J'argumente : pourquoi ces personnes sont-elles condamnées ?

....

....

....

Compétence
- Comprendre les principes de la justice en France.

3 Réparer

Couverture du guide « Le travail d'intérêt général », ministère de la Justice, mars 2018.

4 Ce que dit la loi

Art. 6. La loi [...] doit être la même pour tous, soit qu'elle protège, soit qu'elle punisse.

Art. 9. Tout homme [est] présumé innocent jusqu'à ce qu'il ait été déclaré coupable [...].

Déclaration des droits de l'homme et du citoyen, 1789.

Art. 8. Toute personne a droit à un recours effectif devant les juridictions nationales compétentes contre les actes visant les droits fondamentaux qui lui sont reconnus par la Constitution ou par la loi.

Déclaration universelle des droits de l'homme, 1948.

Art. 6-1. Toute personne a droit à ce que sa cause soit entendue équitablement, publiquement et dans un délai raisonnable, par un tribunal indépendant et impartial, établi par la loi.

Convention européenne des droits de l'homme, 1950.

Info

- Un **travail d'intérêt général** (TIG) est une peine alternative à l'emprisonnement pour délit (vols, escroqueries, conduite en état d'ivresse, discriminations...), acceptée par le condamné.
- C'est un travail non rémunéré, de 18 mois maximum, dans une association ou une collectivité locale.

QUESTIONS

3 Doc 3. à l'oral À l'aide des informations du document, je justifie ce rôle de la justice : « réparer ».

4 Doc 4. J'indique quels articles des textes fondamentaux illustrent ces principes de la justice :
- Application de la loi : ....
- Présomption d'innocence : ....
- Égalité : ....
- Procès équitable : ....

Ce que j'ai appris

Je réalise une carte mentale qui explique le rôle de la justice en France.

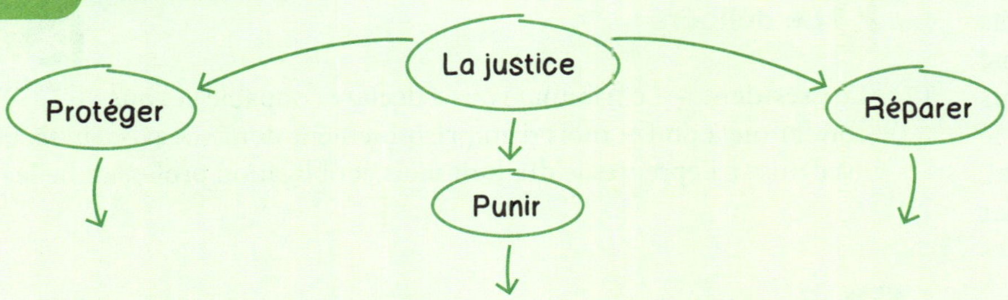

Coup de pouce

- Je cite des faits, des actes, des décisions de justice, des textes fondamentaux, des principes de la justice...

Auto-évaluation

J'ai compris que les missions de la justice en France respectent les justiciables.

J'agis 22

Une audience au tribunal correctionnel

MA MISSION

Après avoir analysé les documents, nous reconstituons avec ma classe le déroulement de l'audience au tribunal correctionnel. Chacun choisit le rôle d'un des acteurs du procès et le joue devant la classe.

1 Une affaire de stupéfiants

Au tribunal de Marseille, le 19 juin.

① **Le président du tribunal.** – M. L., vous comparaissez aujourd'hui car vous avez été interpellé par la police en train de vendre du cannabis. Ça fait combien de temps que vous connaissez l'homme pour qui vous travaillez ?

② **Le prévenu.** – Je l'ai connu hier. À la maison, ce n'est pas facile en ce moment, alors un peu d'argent facile…

③ **Le président.** – Il vous confie 680 grammes de cannabis… cela fait 4 000-4 500 euros et vous voulez nous faire croire que vous ne le connaissiez pas ?

④ **Le prévenu.** – C'était la première fois, je regrette…

⑤ **Le procureur.** – Les explications que vous nous avez données n'ont convaincu personne. Il faut une sanction pour que vous compreniez la gravité des faits. Je requiers une peine d'un an d'emprisonnement dont six mois avec sursis.

⑥ **L'avocat de la défense.** – M. L. a un casier judiciaire vierge. Les faits sont indiscutables, c'est une activité bien connue des jeunes gens dans une situation sociale difficile. Je demande l'indulgence du tribunal. M. L. doit être encadré et suivi par un juge d'application des peines plutôt qu'enfermé.

D'après le site du ministère de la Justice, 2017.

2 Une salle d'audience

3 Le délibéré

Vidéo
Vidéo de l'audience

⑦ **Le président.** – Le tribunal vous a déclaré coupable et vous condamne à douze mois d'emprisonnement dont six avec sursis et six avec mise à l'épreuve de dix-huit mois et obligation professionnelle.

Vocabulaire

- **Délits** : vols, coups et blessures, trafics de stupéfiants, infractions de la circulation routière… passibles d'une amende, et pour la plupart, d'une peine d'emprisonnement.
- **Prévenu** : personne poursuivie pour un délit et qui n'a pas encore été jugée.

Nathan live!

Compétence

- Comprendre les grands principes de la justice.

QUESTIONS

1 Doc 1 et 2. À l'aide des informations du document 1, je nomme les acteurs du procès au tribunal correctionnel dans les encadrés du document 2.

2 Doc 1. J'indique le(s) numéro(s) des interventions des acteurs du procès qui correspondent à chacun de ces grands principes de la justice :

- **Débat contradictoire** (les points de vue opposés s'expriment au cours du procès) : ……………………
- **Droit de la défense** (droit pour le prévenu de s'exprimer) : ……………………
- **Présomption d'innocence :** ……………………
- **Impartialité des magistrats** (application de la loi) : ……………………
- **Peine proportionnelle à l'infraction commise :** ……………………

3 Doc 1. J'analyse l'attitude du président et la décision des juges : sont-elles justes ou injustes ? Je justifie ma réponse.

……………………

……………………

……………………

……………………

……………………

……………………

4 Doc 1 et 2. J'exprime mon point de vue : la présence du public à l'audience correctionnelle est-elle nécessaire ?

……………………

……………………

……………………

……………………

……………………

……………………

J'ACCOMPLIS MA MISSION

Afin de mener à bien notre mission, nous rédigeons un récit du procès, sous la forme de phrases dialoguées, en suivant l'ordre des étapes de son déroulement.

1. Le Président du tribunal énonce les faits.
2. Le prévenu reconnaît ou conteste les faits.
3. Le Président du tribunal présente le casier judiciaire du prévenu.
4. Le procureur requiert une peine.
5. L'avocat plaide.
6. Les juges délibèrent.
7. Le président du tribunal prononce le jugement.

Auto-évaluation

Je sais identifier les principes de la justice lors d'une audience au tribunal correctionnel.

☐ ☐ ☐

J'agis 23

Une justice pour les mineurs

MA MISSION

En France, les mineurs sont considérés comme des personnes à aider. C'est pourquoi une justice spécialisée a été créée. À l'aide des documents, je rédige un article qui explique pourquoi et comment la justice des mineurs protège, accompagne et éduque les mineurs.

1 Ce que dit la loi

Art. 12. On donnera à l'enfant la possibilité d'être entendu dans toute procédure judiciaire le concernant.

Convention internationale sur les droits de l'enfant, 1989.

Art. 375. Si la santé, la sécurité d'un mineur sont en danger, ou si les conditions de son éducation ou de son développement [...] sont gravement compromises, des mesures d'assistance éducative peuvent être ordonnées par la justice.

Code civil.

Art. L11-1. Lorsqu'ils sont capables de discernement, les mineurs [...] sont pénalement responsables des crimes, délits ou contraventions dont ils sont reconnus coupables.

Les mineurs de moins de treize ans sont présumés ne pas être capables de discernement. [...]

Est capable de discernement le mineur qui a compris et voulu son acte et qui est apte à comprendre le sens de la procédure pénale dont il fait l'objet.

Art. L11-2. Les décisions prises à l'égard des mineurs tendent à leur relèvement éducatif et moral ainsi qu'à la prévention de la récidive et à la protection de l'intérêt des victimes.

Code de la justice pénale des mineurs, en application depuis le 30 septembre 2021.

2 L'enfant face aux violences sexuelles

Collage de rue, Paris, 2021.

Vidéo
Les enfants placés : que fait la République ?

Info

- L'activité du juge des enfants comprend la **protection des mineurs en danger** (65 %) et le **suivi des mineurs délinquants** (35 %).
- La loi du 21 avril 2021 vise à mieux protéger les mineurs des crimes et délits sexuels et de l'inceste, acte sexuel entre deux personnes ayant des liens de filiation : aucun adulte ne peut se prévaloir du consentement sexuel d'un enfant s'il a moins de 15 ans, ou moins de 18 ans en cas d'inceste.

3 Mineur délinquant : des mesures éducatives

Vidéo
Éducatrice PJJ : mon métier en 2 minutes

- Juge des enfants et tribunal pour enfants
- Éducateur de la Protection judiciaire de la jeunesse (PJJ)
- Avocat

Étape 1

Audience sur la culpabilité
(entre 10 jours et 3 mois après l'interpellation)
- Cas du mineur ayant reconnu sa culpabilité

Étape 2

Mise à l'épreuve éducative (entre 6 et 9 mois)
- **Mesure éducative judiciaire**
  - **Stage de citoyenneté obligatoire :** les obligations de la loi
  - **Insertion :** suivi scolaire, projet professionnel
  - **Réparation :** réparation de l'acte commis envers la victime ou pour une collectivité
  - **Santé :** prise en charge médicale, psychologique
  - **Placement :** auprès d'une personne de confiance de la famille, dans un établissement de la PJJ...

Étape 3

Audience de prononcé de la sanction
- Prise en compte de l'évolution du mineur lors de la mise à l'épreuve éducative
- Excuse de minorité[1] dans le cas d'une peine prononcée
- Poursuite du suivi par un éducateur de la PJJ

1. La moitié de la peine encourue par un majeur pour la même infraction.

Source : Code de la Justice pénale des mineurs en vigueur depuis le 30 septembre 2021 - même juge, même éducateur, même avocat pendant toute la procédure.

Nathan live!

Compétence
- Comprendre les raisons d'une justice spécifique pour les mineurs.

QUESTIONS

1 Doc 1. J'encadre les deux types de mineurs évoqués dans ces textes et je souligne les groupes de mots qui indiquent comment le mineur est protégé par la loi.

2 Doc 2 et **Info.** J'explique pourquoi les enfants évoqués dans le document 2 et dans la vidéo sont des mineurs en danger, et comment le juge des enfants peut les protéger.

- **Vidéo :** ....
....
....
- **Doc 2 :** ....
....

3 Doc 1 et 3. Je cite l'objectif du juge des enfants et de la Protection judiciaire de la jeunesse face au mineur délinquant.

....
....

4 Doc 3. J'argumente : pourquoi les mesures prises à l'encontre d'un mineur délinquant sont-elles des mesures éducatives ?

....
....
....

J'ACCOMPLIS MA MISSION

Je rédige mon article à partir des informations relevées dans les documents.

Le titre →

La justice des mineurs protège, accompagne, éduque les mineurs

- Définir la justice des mineurs ← Quels acteurs ? Que dit la loi ?
- Le juge des enfants et l'enfance en danger ← Qui sont ces enfants ? Comment agir ?
- Le juge des enfants et les mineurs délinquants ← Quelles mesures ? Avec qui ?
- Mon point de vue ← Pourquoi les mineurs sont-ils des personnes à aider ?

Auto-évaluation

Je sais expliquer les missions de la justice des mineurs.

☐ ☐ ☐

Débattre 24 Juger en cour d'assises, quel dilemme pour les jurés ?

1 Les faits

FAIT DIVERS

Monsieur R. a découvert que des barreaux d'une fenêtre de son commerce ont été sciés. Il alerte les gendarmes qui s'engagent à faire des rondes pour surveiller son établissement. Lui, s'arme d'un fusil et de cartouches. Il installe une alarme de fortune. Il décide de dormir au rez-de-chaussée, pour le cas où des cambrioleurs essaieraient d'entrer.

Quelques jours plus tard, à deux heures du matin, il entend du bruit. Une vitre vient d'être brisée. Il va chercher son fusil et tire. Un jeune homme de 17 ans est à terre, mort.

Monsieur R. a été jugé par une cour d'assises. L'avocat général avait demandé de retenir la légitime défense.

D'après *Le Parisien*, 2015-2016.

Vocabulaire

- **Avocat général** : magistrat, il défend les intérêts de la société, demande l'application de la loi, soutient l'accusation et propose une peine, ou bien requiert l'acquittement.
- **Jurés** : citoyens âgés de 23 ans au moins, tirés au sort sur les listes électorales pour participer à un jugement en cour d'assises ; ils ne peuvent refuser cette fonction.
- **Légitime défense** : elle permet à une personne de ne pas être condamnée en justice pour l'acte commis, à condition qu'elle l'ait accompli pour repousser un agresseur violent, notamment de nuit.

2 L'audience en cour d'assises

3 Paroles des acteurs du procès

Monsieur R. était dans une situation de danger imminent, un vrai cas de légitime défense !
Avocat de la défense

Réveillé par du bruit, j'ai eu peur, j'ai tiré sans viser.
Monsieur R.

L'accusé a préparé son piège pendant 4 jours. Ce n'est pas de la légitime défense.
Avocat de la partie civile

Lors des débats, ne donnez jamais l'impression que vous avez déjà pris parti.
La Présidente aux jurés

Le placer 10 ans derrière les barreaux, c'est atroce !
Un juré

Pourquoi n'a-t-il pas réparé les barreaux de la fenêtre ?
Un juré

Il s'est défendu, c'est normal.
Une jurée

Compétence
- Argumenter de manière responsable.

4 Le serment des jurés

Art. 304. « Vous jurez et promettez d'examiner avec l'attention la plus scrupuleuse les charges qui seront portées contre X [...], de n'écouter ni la haine ou la méchanceté, ni la crainte ou l'affection ; de vous rappeler que l'accusé est présumé innocent et que le doute doit lui profiter ; de vous décider [...] suivant votre conscience et votre intime conviction, avec impartialité [...] et de conserver le secret des délibérations [...]. »

Code pénal.

ÉTAPE 1 J'analyse le thème du débat

1 **Doc 1 et 2.** Je présente le dilemme de l'affaire à juger et nomme la juridiction compétente.

....

....

....

....

2 **Doc 4.** Je souligne, dans le serment des jurés, les expressions qui indiquent leur rôle au cours du procès.

ÉTAPE 2 Je participe au débat en classe

3 **Juger en cour d'assises, quel dilemme pour les jurés ?**

a. **Avant le débat :** je joue le rôle d'un juré et exprime mon point de vue dans le tableau en prenant appui sur les documents.

b. **Pendant le débat :** je note le point de vue des autres jurés-élèves.

c. **Après le débat :** j'entoure les arguments avec lesquels je suis d'accord.

	L'accusé est-il coupable ou non coupable ?	
	Il était en situation de légitime défense.	**Il n'était pas en situation de légitime défense.**
Mes arguments en tant que juré	....	....
Les arguments des autres jurés-élèves	....	....

ÉTAPE 3 Ce que je retiens du débat

4 Après le débat que nous avons mené en classe en tant que jurés, je présente les raisons du dilemme auquel font face les jurés en cour d'assises et j'exprime mon ressenti.

....

....

....

....

....

Auto-évaluation

Face à un dilemme, j'ai su prendre mes responsabilités.

☐ ☐ ☐

Je retiens La justice en France

A La justice, au service de tous

• En 1789, l'État a institué **une seule justice**, la sienne, qui est la **même pour tous**. Elle est exercée par des **magistrats** : le **juge** prononce des jugements en application des **lois** regroupées dans des codes ; le **procureur de la République**, lors du procès pénal, protège les victimes d'**infractions**. Des **auxiliaires de justice** (avocat, greffier…) participent au fonctionnement de la justice.

• **Chacun**, sans distinction de nationalité, d'âge, de sexe, de revenus, **peut recourir à la justice**. Celle-ci est **gratuite**, mais tout procès entraîne des frais, et l'État a créé l'**aide juridictionnelle**. La justice fonctionne selon des **principes** respectueux du droit et des libertés individuelles. Le **procès** doit être **équitable** : débat contradictoire, respect des droits de la défense, dommages et intérêts… Si le **justiciable** est mécontent de la décision de justice, il a le droit de **faire appel**.

B À chaque conflit sa justice

• La **justice civile** traite des **litiges** entre particuliers. Elle recherche d'abord une conciliation, mais en cas d'échec, le procès a lieu. La **justice pénale** punit les **infractions** à la **loi** et prononce des **peines** fermes ou avec sursis. La **justice administrative** juge les litiges entre les personnes privées et les collectivités publiques.

• Pour les mineurs, une justice spécifique, confiée au **juge des enfants**, a été mise en place. Elle protège les **mineurs maltraités** par des mesures d'**assistance éducative**. Elle punit **les mineurs qui ne respectent pas la loi**, en privilégiant l'éducatif sur le répressif et un suivi par la **Protection judiciaire de la jeunesse (PJJ)** : **mesures éducatives judiciaires**, puis prononcé d'une sanction adaptée à l'évolution du mineur.

Les mots importants

• **Aide juridictionnelle** : prise en charge partielle ou totale, par l'État, des frais de justice d'une personne en fonction de ses revenus.

• **Assistance éducative** : placement du mineur maltraité dans un foyer ou une famille d'accueil (tout en maintenant des relations avec sa famille).

• **Infraction** : acte, parole, comportement punis par la loi (du moins grave au plus grave : contravention, délit, crime).

• **Justiciable** : toute personne impliquée dans une situation relevant de la justice.

• **Litige** : désaccord sur un fait ou un droit donnant lieu à un arbitrage ou à un procès.

• **Protection judiciaire de la jeunesse** : professionnels du ministère de la Justice qui accompagnent, éduquent et favorisent l'insertion des mineurs en difficulté.

Les Valeurs de la République

▶ Esprit de justice

Respect de la procédure judiciaire qui applique les **principes d'un procès juste et équitable** :
- respect du droit et application de la loi,
- débat contradictoire,
- droits de la défense,
- présomption d'innocence,
- proportionnalité des peines,
- droit de faire appel…

Je révise chez moi

Je connais l'essentiel

- ✔ **Qui sont les professionnels de la justice ?** Je les souligne en bleu.
- ✔ **Quels sont les trois types de justice ?** Je les encadre.
- ✔ **Selon quels principes la justice fonctionne-t-elle ?** Je les souligne en rouge.
- ✔ **Quelles sont les missions du juge des enfants ?** Je les souligne en vert.

Je sais définir et utiliser dans une phrase

- ✔ **Justiciable**
- ✔ **Litige**
- ✔ **Infraction**

Entraîne-toi à l'aide des exercices numériques !

EXO Exercices interactifs

Nathan live!

Exercices

1 Je vérifie que je connais le fonctionnement de la justice en France

Pour chacune des situations évoquées dans le tableau, j'indique :
– le type de justice dont elle relève : justice civile, pénale, administrative.
– sa nature : contravention, délit, crime, litige familial, conflit du travail…
– le tribunal compétent.

	Type de justice	Nature de la situation	Tribunal compétent
a. Rouler à 160 km/h sur l'autoroute.	....	....	....
b. Vendre des produits stupéfiants.	....	....	....
c. Ne pas s'entendre au sujet de la garde des enfants lors d'un divorce.	....	....	....
d. Braquer une bijouterie et tuer son propriétaire.	....	....	....
e. Être âgé de 13 ans et dénoncer les coups répétés de la part du concubin de sa mère.	....	....	....
f. Se plaindre d'avoir été employé sans contrat de travail.	....	....	....
g. Contester une peine prononcée sans preuve du vol commis.	....	....	....

2 Je sais identifier les principes de la justice

Parmi ces affirmations, je coche celles qui sont exactes et, à l'oral, je justifie mes réponses à l'aide de mes connaissances.

a. L'égalité

Devant la justice :

- ❑ les mineurs ont moins de droits que les majeurs.
- ❑ les femmes ont plus de droits que les hommes.
- ❑ la loi est la même pour tous.

b. La présomption d'innocence

L'auteur présumé d'une infraction :

- ❑ est reconnu coupable dès son interpellation par la police.
- ❑ est présumé innocent tant qu'il n'a pas été reconnu coupable par le jugement d'un tribunal.
- ❑ est reconnu coupable dès le début de son procès.

c. Le débat contradictoire

Lors d'un procès :

- ❑ les deux parties en conflit s'expriment.
- ❑ seule la victime a le droit de s'exprimer.
- ❑ seuls les juges et les avocats s'expriment.

d. Les voies de recours

- ❑ Le jugement prononcé par un tribunal est toujours définitif.
- ❑ Tout justiciable a le droit de faire appel d'un jugement prononcé.
- ❑ Une personne condamnée pour crime n'a pas le droit de faire appel.

VERS LE BREVET

SUJET GUIDÉ

Situation pratique — La loi et le téléchargement

1 Un téléchargement illégal

Alexis a téléchargé et diffusé 10 000 fichiers MP3. Il a été condamné par les juges du tribunal correctionnel de Pontoise à 3 000 euros d'amende et 10 000 euros de dommages et intérêts… […]

Alexis ne savait pas qu'il enfreignait la loi […].

Les droits d'auteur : qui est protégé ? L'artiste (dessinateur, producteur de films, écrivain, musicien, peintre…) […].

Pourquoi l'artiste est-il protégé ? Parce qu'il a réalisé une création originale, la loi attribue un droit de propriété intellectuelle sur son œuvre. […]

Comment l'artiste est-il protégé ? Par une série de lois codifiées dans le code de la propriété intellectuelle. […]

Contre qui l'artiste est-il protégé ? Contre le vol… Télécharger un fichier sans payer de droits, c'est un vol ! […] On qualifie cela de contrefaçon. […] Alexis a téléchargé le logiciel DC++, qui lui a donné l'accès à des HUB, donnant eux-mêmes accès aux disques durs de centaines d'internautes. […] Il a été repéré par les gendarmes du service technique de recherches judiciaires et de documentation de Rosny-sous-Bois, dans le cadre de la surveillance du réseau Internet. Une perquisition à son domicile a révélé la présence de 185 CD gravés. La tour de l'ordinateur a été saisie. […]

Qu'est-ce qu'on risque en ne respectant pas les droits d'auteur ? Une peine prévue par le code pénal […]. L'auteur dont les droits ont été bafoués peut aussi demander des dommages et intérêts […] : son droit au nom n'a pas été respecté, son œuvre a perdu de sa qualité en étant reproduite dans de mauvaises conditions…

D'après initiadroit.com.

1 L'infraction commise

2 Le droit non respecté

3 Les acteurs concernés par cette infraction

4 La loi qui protège le droit

5 Les acteurs qui appliquent la loi

6 La peine prononcée

2 Ce que dit la loi

Art. L335-2. Toute édition d'écrits, de composition musicale, de dessin, de peinture ou de toute autre production, imprimée ou gravée en entier ou en partie, au mépris des lois et règlements relatifs à la propriété des auteurs, est une contrefaçon et toute contrefaçon est un délit.

La contrefaçon […] est punie de trois ans d'emprisonnement et de 300 000 euros d'amende.

Code de la propriété intellectuelle.

MÉTHODE

Analyser et comprendre un texte

1. **Découvrir le texte : « ce que j'observe »**
   - Lisez et présentez le texte (nature, source, auteur, date…).
2. **Identifier le texte et son point de vue : « ce que je lis »**
   - Repérez la situation.
   - Caractérisez les acteurs.
   - Identifiez le point de vue.

   ➜ voir encadrés 1 à 6
3. **Extraire des informations du texte : « ce que je choisis »**
   - Dégagez l'idée générale du texte et les informations qui l'expliquent. ➜ voir document 2
4. **Interpréter et critiquer le texte : « ce que j'en déduis »**
   - Expliquez le message du texte et donnez votre point de vue.
   - Mettez-le en lien avec ce que vous savez sur la justice, ses missions (protéger, punir…) et son fonctionnement.

QUESTIONS

1 **Doc 1 et 2.** Présentez l'acte commis par Alexis et caractérisez-le en droit.

....

....

....

2 **Doc 1 et 2.** Identifiez la victime de l'acte commis par Alexis et définissez le droit de propriété intellectuelle qui la protège.

....

....

....

....

....

3 **Doc 1 et 2.** Justifiez comment et pourquoi Alexis est condamné pour l'acte qu'il a commis.

....

....

....

....

....

....

....

4 Dans le cadre d'une journée au collège sur le respect de la loi, vous rédigez un article sur le thème du téléchargement des productions artistiques.
En prenant appui sur l'acte commis par Alexis, vous expliquez le sens de l'article 6 de la Déclaration des droits de l'homme et du citoyen : « **La loi […] doit être la même pour tous, soit qu'elle protège, soit qu'elle punisse.** »

....

....

....

....

....

....

....

....

....

....

....

....

Semaine de la presse et des médias

25 La Semaine de la presse à l'école : comment s'informer ?

ON S'ENGAGE !

Vous participez avec votre classe à la Semaine de la presse et des médias. Le thème choisi est celui de la fiabilité des informations. Vous choisissez des journaux ou des magazines au CDI qui vous permettront de réfléchir à la façon de vous informer. Rédigez des tweets (courts messages) pour donner des conseils sur la façon de bien s'informer.

A S'informer par les médias traditionnels (presse, radio ou télévision)

1 Un article de journal

22 | PEKIN 2022 — Le Monde, MARDI 22 FÉVRIER 2022

Source

Fier de ses Jeux, Pékin referme la page olympique

Le titre expose un fait ou donne un point de vue.

Les XXIVes JO d'hiver se sont déroulés sans incident malgré les contraintes liées au risque sanitaire

PÉKIN *correspondant*

Avant même la fin des Jeux olympiques (JO), la Chine célébrait déjà sa victoire. Par bien des aspects, ces XXIVe Jeux d'hiver constituent pour le régime chinois un indéniable succès. *« Ce sont des Jeux très réussis (...). Il est évident que les athlètes sont plus que contents »*, affirmait, vendredi 18 février, Thomas Bach, le président du Comité international olympique (CIO). Ces jeux furent *« vraiment extraordinaires »*, a-t-il insisté deux jours plus tard, lors de la cérémonie de clôture, juste après avoir remis le drapeau olympique aux villes de Milan et de Cortina d'Ampezzo (Italie), qui accueilleront la XXVe édition, en 2026.

Citation de témoin

Une réussite sur le plan sanitaire d'abord. Beaucoup avaient prédit que la politique zéro Covid que la Chine continue d'appliquer ne résisterait pas à l'arrivée de 13 524 visiteurs venus de l'étranger. A tort. La bulle sanitaire, mise en place autour des JO, et les mesures de protection à l'intérieur de celle-ci ont fonctionné.

Malgré la détection de 432 cas positifs – en cumulé – dans la bulle le 14 février, dix jours après l'ouverture des Jeux, il n'y a pas eu de cluster. Le nombre de nouveaux cas s'est finalement résorbé – jusqu'à disparaître certains jours – au fur et à mesure que les arrivées de l'étranger diminuaient. Surtout, le virus ne s'est répandu ni dans Pékin ni dans le reste du pays. Le prix à payer est connu : une politique de traçage et d'isolement très rigoureuse et des JO qui se sont tenus devant environ 100 000 spectateurs (dûment testés) seulement, soit dix fois moins qu'en Corée du Sud, quatre ans plus tôt.

Le journaliste donne des explications.

Malgré tout, les Jeux ont été populaires en Chine. Dans ce pays où les sports d'hiver restent, quoi qu'en disent les autorités, une activité marginale, ce n'était pas gagné d'avance.

Mais, au fur et à mesure que les athlètes chinois montaient sur le podium – au total, la Chine a remporté quinze médailles, dont neuf en or –, le pays s'est émerveillé devant les exploits de la skieuse Eileen Gu, du snowboarder Su Yiming ou du couple de patineurs Sui Wenjing et Han Cong. Les ventes en ligne de vêtements de ski et de matériel de sports d'hiver ont explosé et les boutiques vendant la mascotte des Jeux (le panda Bing Dwen Dwen) ont été prises d'assaut.

Le bon déroulement technique de ces Jeux, la performance de leurs athlètes – au tableau des médailles, la Chine se classe troisième, juste devant les Etats-Unis – et la gentillesse unanimement célébrée des milliers de jeunes volontaires sont autant de motifs de fierté pour les Chinois.

Par ailleurs, aucun scandale de corruption n'est jusqu'à présent venu ternir l'image de ces Jeux. Autant d'éléments qui ne peuvent que conforter Xi Jinping, le secrétaire général du Parti communiste chinois (PCC), à quelques mois d'un congrès qui lui confiera très certainement un troisième mandat de cinq ans.

« Jeux du génocide »

Sur le plan diplomatique aussi, la Chine a marqué des points, mais de manière moins flagrante. Certes, certains pays occidentaux, Etats-Unis en tête, avaient boycotté *« diplomatiquement »* ces JO, au nom de la défense des droits de l'homme. Mais aucun incident n'est venu troubler le bon déroulement des épreuves. Les athlètes ont suivi les consignes et les questions sensibles pour les autorités chinoises sont restées à l'extérieur de la bulle.

En recevant en grande pompe à Pékin environ vingt-cinq dirigeants étrangers, Xi Jinping a même effectué son grand retour – physique – sur la scène internationale après deux ans de splendide isolement. Le président chinois a d'ailleurs profité des Jeux pour formaliser un spectaculaire rapprochement avec son *« vieil ami »* russe, Vladimir Poutine.

Néanmoins, ces Jeux ont également été l'occasion pour plus de 200 ONG de dénoncer les multiples atteintes aux droits de l'homme en Chine et de qualifier l'événement de *« Jeux du génocide »*. Pékin n'est parvenu à faire oublier ni la répression des musulmans au Xinjiang, ni l'annexion du Tibet, ni la mise au pas de Hongkong, bien au contraire.

La cérémonie de clôture des Jeux olympiques de Pékin, dimanche 20 février. KIM HONG-JI/REUTERS

Source de la photo qui illustre l'article

En matière d'image, le bilan est donc contrasté. De même, nombre de spectateurs à l'étranger ne retiendront qu'une photo de ces Jeux : un athlète dévalant la piste de Big Air et virevoltant dans les airs sur fond de cheminées et de hauts-fourneaux, au cœur de Pékin, alimentant les commentaires acerbes sur la *« dystopie chinoise »*. Un contresens : l'ancien site sidérurgique de Shougang est au contraire un modèle de reconversion industrielle et d'écologie urbaine. Mais, faute de pédagogie en amont, les Chinois ont été incapables de faire passer le message au reste du monde.

Les Jeux ont été populaires dans ce pays où les sports d'hiver restent, quoi qu'en disent les autorités, une activité marginale

Reste une énigme, passionnante : la véritable nationalité d'Eileen Gu, la star de ces Jeux qui a apporté trois médailles (deux en or et une en argent) à la Chine. Née aux Etats-Unis d'un père américain et d'une mère chinoise, cette sportive de 18 ans a décidé en 2019 de concourir au sein de l'équipe chinoise. Est-elle chinoise, comme l'ont affirmé les autorités de Pékin ? Et, dans ce cas, a-t-elle abandonné la nationalité américaine, comme la loi chinoise l'y oblige ?

Compter sur la diaspora

Devenue le symbole des millions d'« ABC » (*« American born Chinese »*, Américains d'origine chinoise) qui vivent entre deux mondes et deux cultures, Eileen Gu refuse de répondre clairement à cette question politiquement délicate. Cette étudiante bilingue et dont les revenus – chiffrés en millions de dollars – tirés de ses contrats publicitaires dépassent déjà le nombre de bougies de son gâteau d'anniversaire se revendique à la fois américaine et chinoise.

Elle et la poignée d'autres athlètes naturalisés montrent que, pour continuer à figurer demain dans l'élite mondiale du sport – mais aussi dans d'autres domaines –, la Chine vieillissante va devoir compter sur sa diaspora, voire s'ouvrir aux talents étrangers bien davantage qu'elle ne le fait actuellement. Ces Jeux ont été l'occasion d'entrouvrir un débat sur ce thème sensible.

Le journaliste rapporte des faits réels.

Mais le PCC voit déjà plus loin. Sinon, comment expliquer que la seule interview exclusive donnée par Eileen Gu après sa première médaille d'or ait été « accordée » à la commission centrale de l'inspection disciplinaire du parti, un organe jusqu'ici spécialisé dans les interrogatoires musclés suivis d'une descente aux enfers ? Cette mise en scène, a priori totalement incompréhensible, ne pouvait avoir qu'un objectif : rappeler à la diaspora qu'elle ne saurait échapper au contrôle du PCC. ■

FRÉDÉRIC LEMAÎTRE

Le Monde, 22 février 2022, p. 22.

Coup de pouce

La règle des 5 W

Pour vérifier si une information est complète, il faut se poser les questions suivantes sur l'événement.

- ***Who?*** **(Qui ?)**
Qui participe à l'événement ?
- ***What?*** **(Quoi ?)**
Que se passe-t-il ?
- ***Where?*** **(Où ?)**
Où se passe l'événement ?
- ***When?*** **(Quand ?)**
Quand a eu lieu l'événement ?
- ***Why?*** **(Pourquoi ?)**
Pourquoi cet événement a-t-il eu lieu ?

Compétences
- S'informer de manière rigoureuse.
- Développer ses aptitudes à la réflexion critique.

2 Un article en ligne d'une chaine de télévision

FRANCE 24 — EN DIRECT

#UKRAINE | #PRÉSIDENTIELLE 2022 | FRANCE | AFRIQUE | REPORTAGES | EMISSIONS | STOP INFOX

Publié le : 20/02/2022 - 11:06 Modifié le : 20/02/2022 - 14:38

La cérémonie de clôture des Jeux Olympiques à Pékin, le 20 février 2022. © Manan Vatsyayana, AFP

Texte par : FRANCE 24 Suivre | Vidéo par : Lou KISIELA 6 mn

Alors que les Jeux olympiques se sont achevés dimanche, la Chine a tenu son pari : la compétition s'est déroulée sans incidents majeurs malgré un manque flagrant de ferveur populaire.

Source

Date

Auteur

Réseaux sociaux pour partager l'information

Source de la photo qui illustre l'article

Le sous-titre expose un fait ou donne un point de vue.

Site internet de la chaine France 24 (chaine française d'informations internationales), 20 février 2022.

QUESTIONS

1 Choisissez un article dans un des journaux du CDI puis cherchez un article sur internet (site d'une radio, d'une télévision ou de la presse écrite) abordant le même sujet. Complétez le tableau suivant à l'aide des informations des **doc 1** et **2**.

	Article du journal du CDI	Article d'un média traditionnel sur internet
Nom du média	....	....
L'article répond-il aux 5 questions que doit se poser tout journaliste ? Justifiez votre réponse.	....	....
Comment le journaliste sait-il ce qu'il s'est passé ?	....	....
Comment l'information est-elle présentée dans chacun de ces deux articles ?	....	....

B S'informer sur les réseaux sociaux

3 Un compte Twitter dédié aux jeux Olympiques

Jeux Olympiques
@jeuxolympiques

Comité International Olympique

Lausanne, Suisse · olympics.com/fr/ · A rejoint Twitter en mai 2009

486 abonnements **58,6 k** abonnés

Nom du compte et détenteur du compte

Nombre de personnes qui suivent le compte

Date

Jeux Olympiques @jeuxolympiques · 20 févr.

Les Jeux Olympiques sont terminés. Un grand merci à la Chine pour son accueil et à #Beijing2022 pour tous ces magnifiques souvenirs qui resteront gravés à jamais.

Nous vous donnons à tous rendez-vous à @milanocortina26 ! ❤

#CérémoniedeClôture | #StrongerTogether

2 · 23 · 80

La publication : pendant longtemps, message de 280 caractères maximum.

L'information est commentée.

L'information est partagée (retweeté).

L'information est aimée.

> **Info**
>
> **Traquer les fausses informations**
>
> De nombreux sites internet traquent les canulars ou les fausses informations (*fake news*) : Hoaxbuster, Arrêt sur image…
> Des journaux poursuivent le même objectif : « Les décodeurs » sur le site du *Monde*, avec son moteur de recherche « Décodex » qui vérifie la fiabilité des sites d'information, « Démonte rumeur » de *Rue 89*, « Desintox » de *Libération*…

QUESTIONS

2 Recherchez sur le réseau social de votre choix (Twitter, Facebook, Instagram…) des publications concernant le sujet des articles que vous avez examiné auparavant. Complétez le tableau suivant en vous aidant des indications du **doc 3**.

Publication (compte et date)	Quelle est la fiabilité du compte ? Qui tient ce compte ? Quelles sont ses intentions ?	Cette publication est-elle conforme au travail des journalistes analysé auparavant ? Pourquoi ?	Cette publication a-t-elle été beaucoup diffusée ?
....	....	....	....
....	....	....	....
....	....	....	....

NOTRE ENGAGEMENT

Rédiger des tweets pour conseiller comment bien s'informer

→ Un tweet est un court message qui peut comporter une illustration.

1 Sélectionner les différents arguments à mettre en avant

Quels sont les dangers quand on s'informe ?

Quels sont les critères d'une information de bonne qualité ?

2 Faire la liste des règles à suivre pour s'informer

- Prenez appui sur les arguments notés ci-dessus.
- Pour vous aider, vous pouvez également lire la Charte d'éthique professionnelle des journalistes qui définit leurs devoirs.

Charte

Comment bien s'informer ?

3 Rédiger les tweets

- Respectez les contraintes du tweet (un court message) et illustrez-le avec une image.
- Les textes doivent indiquer les règles à suivre et expliquer pourquoi il faut faire ainsi.
- Les images doivent être libres de droit d'auteur et leur source doit être indiquée.

Auto-évaluation

J'ai compris comment m'informer.

☐ ☐ ☐

Et maintenant, à vous d'agir !

→ Partagez vos tweets avec votre entourage et discutez-en pour comparer vos approches de l'information.

26 S'engager pour les mémoires de la traite et de l'esclavage

ON S'ENGAGE !

Pour commémorer la Journée nationale des mémoires de la traite, de l'esclavage et de leurs abolitions qui a lieu le 10 mai, votre classe participe au concours scolaire « La Flamme de l'égalité » et compose un hymne qui honore la mémoire des victimes et refuse l'oubli. Appuyez-vous sur les informations des documents et « affûtez vos paroles » !

Vidéo – La traite, l'esclavage et leur abolition

1 Ce que dit la loi

Art. 1er. L'esclavage sera entièrement aboli dans toutes les colonies françaises […], deux mois après la promulgation du présent décret […]. Tout châtiment corporel, toute vente de personnes non libres, seront absolument interdits.

Décret de l'abolition de l'esclavage dans les colonies et les possessions françaises, 27 avril 1848.

Art. 1er. Tous les êtres humains naissent libres et égaux en dignité et en droits. Ils sont doués de raison et de conscience et doivent agir les uns envers les autres dans un esprit de fraternité.

Déclaration universelle des droits de l'homme, 1948.

Art. 1er. La République française reconnaît que la traite négrière transatlantique ainsi que la traite dans l'océan Indien d'une part, et l'esclavage d'autre part, perpétrés à partir du XVe siècle, aux Amériques et aux Caraïbes, dans l'océan Indien et en Europe contre les populations africaines, amérindiennes, malgaches et indiennes constituent un crime contre l'humanité.

Loi tendant à la reconnaissance de la traite et de l'esclavage en tant que crime contre l'humanité (dite loi Taubira), 21 mai 2001.

Info

Cette Journée nationale, qui commémore les souffrances infligées par l'esclavage, est associée au concours scolaire « La Flamme de l'égalité ». Elle a lieu le 10 mai, jour de l'adoption de la « loi Taubira » (2001) : la France est le seul État à avoir déclaré la traite et l'esclavage « crime contre l'humanité », acte inhumain commis contre des populations.

Lien – Site du concours

2 Un hommage pour la liberté

Vidéo

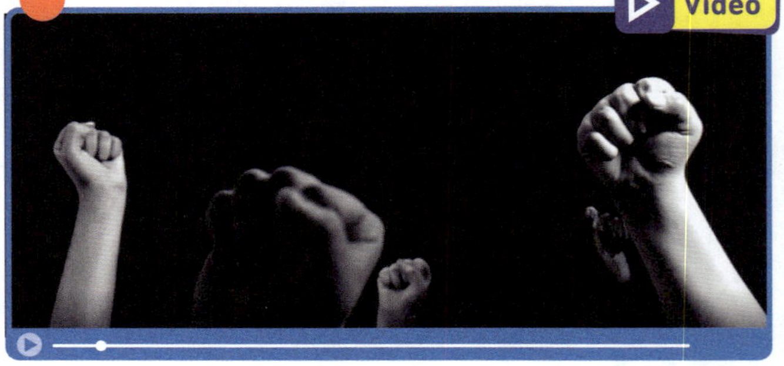

Sur le chemin de la liberté, projet réalisé par les élèves de 4e du collège Georges Lapierre de Lormont (académie de Bordeaux) dans le cadre du concours « La Flamme de l'égalité », 2019.

3 Un hommage, pour se souvenir

Le Mémorial ACTe (Centre caribéen d'expressions et de mémoire de la traite et de l'esclavage) a été inauguré le 10 mai 2015 à Pointe-à-Pitre en Guadeloupe.

4 Un hymne à la fraternité, pour aujourd'hui et demain

Pourquoi me demander
La longueur de mon nez
L'épaisseur de ma bouche
La couleur de ma peau
Et le nom de mes dieux ?
Ouvre-moi, mon frère !
[…]

Ouvre-moi ta porte
Ouvre-moi ton cœur
Car je suis un homme
L'homme de tous les temps
L'homme de tous les cieux
L'homme qui te ressemble.

Extraits du poème « L'homme qui te ressemble », René Philombé, *Petites gouttes de chant pour créer l'homme*, Éditions Semences africaines, 1977.

Compétences
- Comprendre les valeurs de la République française.
- Développer une conscience civique.

NOTRE ENGAGEMENT

Réaliser en groupe un hymne « À la mémoire de… », au nom de la liberté, de l'égalité, de la fraternité

1 S'exprimer

à l'oral Prenez connaissance des documents : pourquoi reconnaître la traite et l'esclavage ? Par quels moyens sont-ils condamnés ? Comment et pourquoi se souvenir aujourd'hui ?

2 Réfléchir en groupe

- Recherchez dans les documents les informations à partir desquelles vous écrirez les paroles de votre hymne. Discutez afin de les classer en deux thèmes :

LIBERTÉ – ÉGALITÉ – FRATERNITÉ

Pourquoi dénoncer la traite et l'esclavage ?	Pourquoi commémorer la traite et l'esclavage ?
....	....
....	....
....	....
....	....

3 Improviser des vers, des phrases

→ À tour de rôle, proposez des **phrases courtes**, des **groupes de mots** qui parlent de la traite et de l'esclavage, de leurs abolitions, et de la nécessité de les commémorer, puis écrivez-les dans la « boîte à idées ».

→ Laissez libre cours à votre **créativité**.

→ Trouvez des **mots percutants** qui donnent de la force à votre engagement : répétitions, termes imagés, figures de style…

Boîte à idées
- La lourde chaîne à mes pieds…
- Libres pour notre dignité…
- ....
- ....
- ....
- ....
- ....

4 Composer l'hymne sous la forme d'un poème engagé

- Ensemble, faites un choix dans vos idées et composez votre hymne :

....

....

....

....

....

....

Un hymne, c'est :
- un chant ou un poème à la gloire d'une grande idée, d'un personnage, d'un événement ;
- un message pour l'humanité ;
- des paroles qui symbolisent des émotions (joie, douleur, colère…) ;
- des formules fortes qui résument le poème ou le chant.

Et maintenant, en quelques minutes, récitez ou chantez votre hymne avec conviction !

A

• **Aide juridictionnelle** : prise en charge partielle ou totale, par l'État, des frais de justice d'une personne en fonction de ses revenus. → **voir p. 66**

• **Assistance éducative** : placement du mineur maltraité dans un foyer ou une famille d'accueil (tout en maintenant des relations avec sa famille). → **voir p. 66**

• **Association** : groupement de personnes qui s'unissent pour mener une action commune sans chercher à faire de profit. → **voir p. 34**

• **Avocat général** : magistrat, il défend les intérêts de la société, demande l'application de la loi, soutient l'accusation et propose une peine, ou bien requiert l'acquittement. → **voir p. 64**

C

• **Caricature** : déformer ou exagérer la réalité dans un dessin ou un texte, pour faire rire, réagir, réfléchir. → **voir p. 32**

• **Charte** : texte réunissant un ensemble de règles à respecter. → **voir p. 10**

• **Citoyen** : personne qui a le droit de participer à la vie politique de son pays. → **voir p. 34**

• **CNIL (Commission nationale de l'informatique et des libertés)** : autorité administrative indépendante chargée de veiller au respect des libertés dans tous les usages de l'informatique. → **voir p. 34**

• **Constitution** : loi suprême de la République. → **voir p. 54**

D

• **Délits** : vols, coups et blessures, trafics de stupéfiants, infractions de la circulation routière... passibles d'une amende, et pour la plupart, de peines d'emprisonnement. → **voir p. 60**

• **Démocratie** : régime politique dans lequel le peuple exerce le pouvoir. Les opinions peuvent s'y exprimer librement et les gouvernants sont désignés par le peuple lors d'élections libres. → **voir p. 40, 44**

• **Diffamation** : paroles ou écrits sans preuves, qui portent atteinte à la réputation de quelqu'un. → **voir p. 32, 44**

• **Discrimination** : fait de refuser des droits à une personne ou à un groupe de personnes, en raison de son origine, de son appartenance religieuse, de son handicap... Cette attitude est punie par la loi. → **voir p. 18**

• **Données personnelles** : toute information relative à une personne identifiée (ex. : nom, prénom...), ou identifiable par un numéro (ex. : n° de Sécurité sociale) ou des éléments qui lui sont propres (ex. : photo du visage, adresse électronique, géolocalisation...). → **voir p. 44**

• **Droit** : ensemble des règles qui définissent l'organisation de la vie en société. → **voir p. 54**

• **Droit européen** : règles de l'Union européenne transposées par chaque État membre (directive), ou qui s'y appliquent directement (règlement). → **voir p. 54**

• **Droit imprescriptible** : droit perpétuel, qui ne peut disparaître ni être aboli. → **voir p. 34**

H

• **Harcèlement** : violences répétées, par des actes ou des paroles qui sont le fait d'une ou de plusieurs personnes sur une victime isolée qui ne peut se défendre. → **voir p. 18**

I

• **Infraction** : acte, parole, comportement punis par la loi (du moins grave au plus grave : contravention, délit, crime). → **voir p. 57, 66**

• **Injure** : insulte contre un individu ou un groupe d'individus, punie par le code pénal. → **voir p. 18, 32**

J

• **Jurés** : citoyens âgés de 23 ans au moins, tirés au sort sur les listes électorales pour participer à un jugement en cour d'assises ; ils ne peuvent refuser cette fonction. → **voir p. 64**

• **Justiciable** : toute personne impliquée dans une situation relevant de la justice. → **voir p. 58, 66**

L

• **Laïcité** : du grec ancien *laïkos* dérivé du mot *laos* « peuple uni autour de valeurs partagées ». Principe selon lequel l'État ne favorise aucune religion et garantit à tous la liberté de conscience (pratiquer ou non une religion, exprimer ses convictions). La laïcité symbolise les valeurs de liberté, d'égalité et de fraternité. Elle implique que les signes d'appartenance religieuse soient discrets à l'école publique. → **voir p. 10, 18, 37**

• **Légitime défense** : elle permet à une personne de ne pas être condamnée en justice pour l'acte commis, à condition qu'elle l'ait accompli pour repousser un agresseur violent, notamment de nuit. → **voir p. 64**

• **Litige** : désaccord sur un fait ou un droit donnant lieu à un arbitrage ou à un procès. → **voir p. 57, 66**

• **Loi** : règle votée par le Parlement que doivent respecter tous les habitants d'un pays. Elle est inscrite dans des codes (pénal, civil, de la route, de l'éducation...). → **voir p. 54**

M

• **Médiateur** : personne qui sert d'intermédiaire entre deux personnes ou deux groupes, pour régler par la discussion un désaccord ou un conflit (au collège, petites violences quotidiennes, incivilités). → **voir p. 16, 18**

O

- **Obligation** : ce que l'on doit faire ou ne pas faire, en application des lois. → **voir p. 54**
- **Ordre public** : ensemble des règles que chacun doit respecter. → **voir p. 44**

P

- **Parité** : répartition égale des fonctions politiques entre les femmes et les hommes. → **voir p. 27**
- **Prévenu** : personne poursuivie pour un délit et qui n'a pas encore été jugée. → **voir p. 60**
- **Prosélytisme** : attitude de personnes qui cherchent à convaincre d'autres personnes à adhérer à leur croyance religieuse. → **voir p. 10**
- **Protection judiciaire de la jeunesse** : professionnels du ministère de la Justice qui accompagnent, éduquent et favorisent l'insertion des mineurs en difficulté. → **voir p. 66**

S

- **Sécurité** : mesures décidées par l'État pour protéger la société contre les menaces et les agressions qui porteraient atteinte à la liberté de chacun, au quotidien. → **voir p. 42, 44**
- **Syndicat** : association dont le but est de défendre des intérêts professionnels communs. → **voir p. 34**

V

- **Vie privée** : son respect concerne la protection du domicile, le secret professionnel et médical, la protection de son image et de son intimité. → **voir p. 34**

Les Valeurs de la République

▶ Démocratie

La démocratie est un régime politique dans lequel la souveraineté appartient au peuple. C'est le « gouvernement du peuple, par le peuple, pour le peuple » (article 2 de la Constitution de la Vᵉ République, 1958). La démocratie, c'est renoncer à utiliser la force pour défendre ses idées dans la société. → **voir p. 54**

▶ Dignité

Le respect de la dignité de toute personne humaine est inscrit dans la Déclaration universelle des droits de l'homme (1948). Il se fonde sur le caractère unique de l'être humain qui choisit librement l'orientation de sa vie. Reconnaître cette dignité, c'est refuser et combattre les discriminations (racisme, antisémitisme, homophobie…), au nom de l'égalité. → **voir p. 18**

▶ Esprit de justice

Respect de la procédure judiciaire qui applique les principes d'un procès juste et équitable : respect du droit et application de la loi, débat contradictoire, droits de la défense, présomption d'innocence, proportionnalité des peines, droit de faire appel… L'esprit de justice, c'est la reconnaissance de la dignité humaine de chacun, au nom de l'égalité. → **voir p. 66**

▶ Laïcité

Principe selon lequel l'État ne favorise aucune religion et garantit à tous la liberté de conscience (pratiquer ou non une religion ; exprimer ses convictions religieuses, philosophiques…). La laïcité, c'est donc la liberté et l'égalité. C'est aussi la fraternité car elle reconnaît et respecte les différences culturelles et combat les discriminations, permettant à tous de bien vivre ensemble. → **voir p. 44**

▶ Liberté

Après 1789, les libertés fondamentales sont reconnues à tous les êtres humains. Des limites leur sont apportées pour permettre à chacun de les exercer dans le respect de celles des autres. → **voir p. 34**

Comprendre les consignes en EMC

Verbes	Ce qu'ils signifient
Agir	Intervenir en passant à l'action.
Analyser	Observer, décrire, relever les informations d'un texte, d'une image, pour en comprendre le sens et l'expliquer.
Argumenter	Donner plusieurs éléments / preuves, pour appuyer une affirmation et convaincre, en réponse à une question.
Caractériser	Définir avec précision, en mettant en relief les traits dominants d'une personne, d'un objet, d'un fait.
Citer	Mentionner quelque chose, quelqu'un, qui mérite l'attention.
Débattre	Discuter d'un sujet avec plusieurs interlocuteurs. Exprimer son point de vue et écouter le point de vue des autres.
Décrire	Exposer quelque chose, présenter quelqu'un, de manière précise.
Définir	Énoncer le sens d'un mot, d'une chose, d'un être.
Expliquer	Donner les éléments nécessaires pour faire comprendre un fait, une situation.
Exprimer son jugement	Donner son avis, son point de vue, sur un fait, une situation, par des arguments réfléchis.
Identifier	Préciser la nature de quelque chose, d'un fait, l'identité d'une personne.
Illustrer	Donner un exemple qui explique une idée générale.
Indiquer	Désigner quelque chose, quelqu'un par des mots précis.
Justifier	Donner des éléments qui prouvent ce que l'on affirme.
Montrer	Faire connaître quelque chose à quelqu'un, en l'expliquant.
Présenter	Faire connaître une personne, une situation, un objet, de manière développée.
Qualifier	Dénommer quelque chose ou quelqu'un en mettant en avant une qualité, une caractéristique.
Raconter	Faire à l'oral ou par écrit le récit d'un fait, d'une situation.
Rédiger	Écrire un texte selon une forme construite.
Repérer	Situer un lieu avec précision. Remarquer quelqu'un, quelque chose, par exemple dans un document.
S'engager	Intervenir dans une action dans laquelle on va s'impliquer.
S'exprimer	Faire connaître sa pensée oralement ou par écrit, avec clarté.

Crédits

Des collégiens étudient à la bibliothèque.

Thémis, symbole de la justice.

Jeunes bénévoles plantant des arbres.

Couverture : gauche GETTY IMAGES France/Jim Craigmyle ; **milieu** PHOTO12.COM/ALAMY/Piotr Adamowicz ; **droite** ADOBE STOCK PHOTO ; **rabat :** https://un.org/sustainabledevelopment

7 Aline Faccenda ; **10 ht** Ministère de l'Éducation nationale, de la Jeunesse et des Sports ; **10 bas** MAXPPP / Fabrice ANTERION ; **12 ht** Épisode issu de la websérie « Agora : les piliers de la république » réalisée par Henri poulain – © France Télévisions/Storycircus ; **12 bas** REA/Xinhua/ZUMA ; **15** Collège Roger Martin du Gard de Bellême (Orne)/ Vincent Guerrier, Le Perche/Mathilde, Milos, Lana, Macime, Éva et Charlotte © CRMDG ; **16 ht** ELA/Collège Elsa Triolet, Varennes-sur-Seine (77) ; **16 bas** Collège Victor Hugo, Sarcelles (Val d'Oise) ; **20** Ministère de l'Éducation nationale, de la Jeunesse et des Sports, Collège Rabelais, Académie de Lille, 2021 ; **23** Annabelle Pena ; **24** BIS/Ph. Jeanbor © Archives Larbor ; **28 g** MAXPPP/Valentin CEBRON ; **28 d** Collège Le Cèdre, Le Vésinet (Yvelines) ; **29** Droits Réservés ; **30** Sécurité Routière ; **31 g** Agence Erasmus France/Éducation Formation, sept. 2018 ; **31 d** SHUTTERSTOCK ; **32 ht** Épisode issu de la websérie « Les clés des médias » de Bruno Duvic, réalisée par Mathieu Decarli & Olivier Marquézy – © La Générale de Production/France Télévisions/Radio France/Réseau Canopé – 2015 ; **32 bas** Plantu, dessin paru dans *Le Monde* du 31 mars 2021 ; **36 ht** ADOBE STOCK PHOTO ; **36 bas** École Brassart, campus de Tours/Création Julien Micheau – Observatoire de la Laïcité ; **38** Conseil de l'Europe ; **41 g** SIPA PRESS/ Alain Robert ; **41 d** campagnepublique.com ; **42** ICONOVOX/Cambon ; **52** La Fondation Droit Animal, Éthique et Sciences, La SPA, Fondation Brigitte Bardot ; **58** Ministère de la Justice ; **59** Ministère de la Justice ; **62 bas** AFP/ Hans Lucas/Hugo Passarello Luna ; **70** REUTERS/KIM HONG-JI ; **71** France 24 ; **72** Comité Jeux Olympiques 2022 ; **74 m** Collège Georges Lapierre de Lormont (académie de Bordeaux) ; **74 bas** AFP/Bucikas Derne.

Édition : Julie Bachmann
Direction éditoriale : Carole Greffrath
Conception graphique (couverture et intérieur) : Clémentine Largant
Mise en pages : Laure Gros, Anne-Danielle Naname
Iconographie : Juliette Barjon
Illustrations : Théo Calmejane
Schémas et graphiques : Renaud Scapin
Fabrication : Kévin Magar
Photogravure : IGS

N°de projet : 10301831
Achevé d'imprimer en Italie par Rotolito SpA en Juin 2024

1 | La France est **une République indivisible, laïque, démocratique et sociale**. Elle assure l'égalité devant la loi, sur l'ensemble de son territoire, de tous les citoyens. Elle respecte toutes les croyances.

2 | La République laïque organise **la séparation des religions et de l'État**. L'État est neutre à l'égard des convictions religieuses ou spirituelles. Il n'y a pas de religion d'État.

LA RÉPUBLIQUE EST LAÏQUE

3 | La laïcité garantit **la liberté de conscience** à tous. **Chacun est libre de croire ou de ne pas croire**. Elle permet la libre expression de ses convictions, dans le respect de celles d'autrui et dans les limites de l'ordre public.

4 | La laïcité permet l'exercice de la citoyenneté, en conciliant **la liberté de chacun** avec **l'égalité et la fraternité de tous** dans le souci de l'intérêt général.

5 | La République assure dans les établissements scolaires le respect de chacun de ces principes.

CHARTE DE LA LAÏCITÉ À L'ÉCOLE

La Nation confie à l'École la mission de faire partager aux élèves les valeurs de la République.

6 | La laïcité de l'École offre aux élèves les conditions pour forger leur personnalité, exercer leur libre arbitre et faire l'apprentissage de la citoyenneté. **Elle les protège de tout prosélytisme et de toute pression** qui les empêcheraient de faire leurs propres choix.

7 | La laïcité assure aux élèves l'accès à **une culture commune et partagée**.

8 | La laïcité permet l'exercice de **la liberté d'expression** des élèves dans la limite du bon fonctionnement de l'École comme du respect des valeurs républicaines et du pluralisme des convictions.

9 | La laïcité implique **le rejet de toutes les violences et de toutes les discriminations**, garantit **l'égalité entre les filles et les garçons** et repose sur une culture du **respect** et de la compréhension de l'autre.

10 | **Il appartient à tous les personnels de transmettre aux élèves le sens et la valeur de la laïcité**, ainsi que des autres principes fondamentaux de la République. Ils veillent à leur application dans le cadre scolaire. Il leur revient de porter la présente charte à la connaissance des parents d'élèves.

11 | **Les personnels ont un devoir de stricte neutralité** : ils ne doivent pas manifester leurs convictions politiques ou religieuses dans l'exercice de leurs fonctions.

L'ÉCOLE EST LAÏQUE

12 | **Les enseignements sont laïques.** Afin de garantir aux élèves l'ouverture la plus objective possible à la diversité des visions du monde ainsi qu'à l'étendue et à la précision des savoirs, **aucun sujet n'est a priori exclu du questionnement scientifique et pédagogique**. Aucun élève ne peut invoquer une conviction religieuse ou politique pour contester à un enseignant le droit de traiter une question au programme.

13 | Nul ne peut se prévaloir de son appartenance religieuse pour refuser de se conformer aux règles applicables dans l'École de la République.

14 | Dans les établissements scolaires publics, les règles de vie des différents espaces, précisées dans le règlement intérieur, sont respectueuses de la laïcité. **Le port de signes ou tenues par lesquels les élèves manifestent ostensiblement une appartenance religieuse est interdit.**

15 | Par leurs réflexions et leurs activités, **les élèves contribuent à faire vivre la laïcité** au sein de leur établissement.

Liberté • Égalité • Fraternité
RÉPUBLIQUE FRANÇAISE

ministère éducation nationale